SPICKZETTEL FÜR LEHRER

CARL-AUER

Hans-Christian Kossak

Prüfungsangst – Beraten aus sieben Perspektiven

2015

Reihe »Spickzettel für Lehrer«
hrsg. von Christa Hubrig und Peter Herrmann
Reihengestaltung: Uwe Göbel und Jan Riemer
Satz: Heinrich Eiermann
Printed in Germany
Druck und Bindung: Kösel, Krugzell

Erste Auflage, 2015
ISBN 978-3-8497-0058-4

Bibliografische Information Der Deutschen Nationalbibliothek:
Die Deutsche Nationalbibliothek verzeichnet diese Publikation
in der Deutschen Nationalbibliografie; detaillierte bibliografische
Daten sind im Internet über http://dnb.d-nb.de abrufbar.

Informationen zu unserem gesamten Programm, unseren Autoren
und zum Verlag finden Sie unter: www.carl-auer.de.

Wenn Sie Interesse an unseren monatlichen Nachrichten
aus der Vangerowstraße haben, können sie unter
http://www.carl-auer.de/newsletter den Newsletter abonnieren.

Carl-Auer Verlag GmbH
Vangerowstraße 14
69115 Heidelberg
Tel. 0 62 21 - 64 38 0
Fax 0 62 21 - 64 38 22
info@carl-auer.de

CARL-AUER

Spickzettel für Lehrer – systemisch Schule machen

»Hast du einen Spickzettel?« Diese Frage kennen wir noch aus der Schulzeit, aus der Schülerperspektive, wenn es darum ging, sich auf Prüfungen und Klassenarbeiten vorzubereiten. Wechseln wir die Rolle und Perspektive und stellen uns auf die andere Seite des Klassenzimmers, auf der die »Wissenden«, d. h. die Lehrer, stehen. Schnell wird deutlich: Bei aller Erfahrung gibt es doch erhebliche »Wissenslücken« im Umgang mit schwierigen Situationen, ob sie nun das Lernen selbst, die Schule als Organisation oder die Beziehungen und das Verhalten der Beteiligten betreffen.

Systemisch orientierte Pädagogen können sich hier ruhig und entspannt zurücklehnen, wohl wissend, dass sie selbst »Fragende« sind – Fragende bezüglich passender

Antworten auf die sich stets wandelnden und neu entstehenden Konfliktfelder in der Organisation Schule, zwischen Schülern und Lehrern, zwischen Schule und Eltern und auch mit dem politischen Umfeld von Schule.

Aus systemischer Sicht sind Schwierigkeiten immer mit Lernchancen verbunden. Wo der Blick vom Problem auf die Lösung wechselt, wo man statt hinderlicher Defizite hilfreiche Ressourcen ins Auge fasst, kommt auch die Haltung in Bewegung. Ein gut platzierter Unterschied zieht dann oft viele positive Änderungen nach sich.

Die Bücher dieser Reihe wollen Einladungen sein, sich auf diese andere Sichtweise einzulassen. Sie sollen Lehrern, Erziehern und Schulleitern Methoden und Strategien zum täglichen Handeln anbieten, die Ihnen die Arbeit – und im besten Fall: das Leben – leichter machen. Sie sind auch Rezepte, die man ausprobieren und mit eigenen Zutaten verfeinern kann.

Wir wünschen Ihnen viel Spaß beim Lesen, Erfahren und Ausprobieren!

Christa Hubrig & Peter Herrmann

Institut für systemische Lösungen in der Schule (ISIS)

www.isis-institut-koeln.de

Inhalt

Vorwort

Die Beratung interessanter Schülerinnen und Schüler

Schülerinnen und Schüler erleben immer stärkere Leistungsanforderungen, gefolgt von Versagensängsten. Die Ursachen hierfür liegen im Elternhaus, im Schulsystem und in der Tatsache, dass es immer weniger berufliche Angebote nach der Schulausbildung gibt. Dadurch vergrößern sich Schulstress und Prüfungsängste. Das führt zu immer größerer täglicher Angst vor mündlichen Leistungen und Hausaufgabenanforderungen, vor allem aber Angst vor Klausuren bzw. Tests, die die Schüler in ihrer Schullaufbahn stetig begleiten. Entsprechend sollten sie Unterstützung und Hilfen erfahren, wie sie mit diesem Stress und diesen Ängsten besser umgehen und sie sogar abbauen können.

Das Konzept des vorliegenden Buches ist darauf ausgerichtet, besonders Beratungslehrern Methoden an die Hand zu geben, mit denen diese ihre ratsuchenden Schüler bei bevorstehenden Prüfungen oder sogar bei Prüfungsängsten unterstützen und sie darin stabilisieren können, ihre Leistungen unbeeinträchtigt von Stress oder Angst voll zu erbringen.

Dazu liegt in diesem Buch eine Zusammenstellung von besonders schnell und effektiv wirkenden Erklärungsmodellen und Beratungsmethoden vor, die sowohl empirisch, experimentell und auch im alltäglichen Einsatz der Kinder- und Jugendlichenpsychotherapie erprobt sind. Für den direkten Einsatz in der Schulpraxis entfällt die Darstellung größerer theoretischer Erklärungsmodelle; sie werden bei den fundiert ausgebildeten Beratungslehrern als bekannt vorausgesetzt. Diese Beratungslehrer kennen ihre Kompetenzen und auch die Grenzen ihres Fachbereiches, sodass sie die Schüler bei Bedarf zur weiteren Diagnostik und zu einer potenziellen ganzheitlichen Behandlung an einen Psychologen, Psychiater bzw. Kinder- und Jugendlichenpsychotherapeuten im Schulbereich, in freier Praxis oder in der Erziehungsberatungsstelle überweisen.

Das vorliegende Konzept basiert auf den Befunden und Methoden der kognitiv-behavioralen Therapie, die die systemische Wirkung von Kognitionen, Emotionen und Attributionen innerhalb des Menschen ergründet und behandelt. Diese Therapieform ist besonders differenziert erforscht, und ihre Effektivität ist vielfältig experimentell belegt, so auch gerade im Bereich von Schule, Stress, allgemeiner Angst und Prüfungsangst.

In diesem Konzept wird immer wieder deutlich, in welchem Maße die Einstellungen und Meinungen über einen Sachverhalt z. B. für Lernen, Leistung und Prüfungen förderlich oder hemmend sein können.

Das gilt auch für die Einstellung des Beratungslehrers gegenüber seinen ratsuchenden Schülerinnen und Schülern. Wird er einige von ihnen als Problemfälle bewerten, so hat er sich damit möglicherweise bereits einseitig festgelegt und wird weniger offen nach Lösungen suchen können. Wird er dieselben Ratsuchenden jedoch als »interessante Schülerinnen bzw. Schüler« wahrnehmen, wird dadurch sein Interesse an ihnen zunehmen. Er wird ihre Probleme besser erkennen und verstehen – dementsprechend wird er angemessene und für alle kreative und interessante Lösungen finden und ihnen diese Lösungen anbieten. Bereits an dieser Stelle wird sehr deutlich, wie stark die Einstellungen und Bewertungen auf unser Handeln Einfluss nehmen.

Zur Hervorhebung sind besondere Aussagen oder Ratschläge in Lernkästen wiedergegeben. Auch konkrete Instruktionen sind in wörtlicher Wiedergabe beispielhaft angeführt. Die zahlreichen Querverweise im Text zeigen indirekt die starke Verzahnung der einzelnen Komponenten an, die innerhalb des Schülersystems zu behandeln sind.

Themen, die über die Grundinformationen hinausgehen und als Vertiefung gelten können, sind »ausgelagert« und stehen als ergänzendes Material online zur Verfügung.[1]

1 http://www.carl-auer.de/machbar/pruefungsangst__beraten_aus_sieben_perspektiven

Teil I
Prüfungsangst – ein bekanntes, alltägliches Phänomen

Prüfungsangst – Diagnose und Klassifizierung

Synonyme für Prüfungsangst sind: Leistungsangst, Schulangst oder Testangst.

Ihre diagnostische Einordnung ist auch in den Diagnosesystemen DSM-IV (Sass et al. 2003) und ICD-10 (2013) nicht eindimensional.

- *Soziale Phobie:* Prüfungsangst kann einerseits als Symptom einer sozialen Phobie gelten, gekennzeichnet durch anhaltende Angst vor Leistungssituationen oder Bewertungen durch andere Personen. Diese trifft jedoch nur für tatsächlich sozial bezogene Angstbereiche bei Prüfungen zu, so z. B. Angst, sich vor anderen Personen zu blamieren.
- *Spezifische Phobie:* Ist eine Prüfung (unabhängig von sozialen Bewertungen) Angst auslösend, dann handelt es sich um eine »spezifische Phobie«, z. B. die Trennungsangst.
- *Generalisierte Angststörung:* Dies trifft zu, wenn eine

intensive zeitlich andauernde Sorge, verbunden mit furchtsamen Erwartungen, vorliegt, die sich auf mehrere Ereignisse oder alltägliche Tätigkeiten bezieht. Da für Kinder und Jugendliche die Schule von zentraler Bedeutung ist, beziehen sich ihre häufigsten Befürchtungen auf Hausaufgaben, auf ihre mündlichen Leistungen, Klassenarbeiten und Zensuren – also schulischen Erfolg oder Misserfolg.

- Meist ist eine *Mischform aller drei Phobien* anzutreffen. Bei jüngeren Kindern ist bei Prüfungsangst sehr häufig die Diagnose einer spezifischen Phobie zu stellen.

Der Beratungslehrer kann und muss keine differenzierten klinisch relevanten Diagnosen stellen, sollte aber mit den genannten Kriterien das vom Schüler vorgetragene Problem differenzierter eingrenzen, um dann die kausal relevante Intervention zu planen.

Kausalfaktoren

Entstehung der Prüfungsangst

Wir beziehen uns hier auf Erklärungsmodelle der Verhaltenstheorien. Prüfungsangst wird teilweise durch *klassi-*

sches (= respondentes) Konditionieren erworben; hier sind es primär die physiologischen Begleiterscheinungen, wie weiter unten dargestellt.

Das operante bzw. instrumentelle Lernen von Angst trifft dann zu, wenn im Prüfungsbereich durch die Angst entweder positive Konsequenzen (Lob, Anerkennung, Zuwendung) erlangt und Negativkonsequenzen (Versagen, Durchfallen) vermieden werden – oder positive Anstrengungen keine positiven Konsequenzen haben.

Das *Modell-Lernen* der Angst wird stark von sozialen und interpersonalen Faktoren wie Familie, Gleichaltrigen und Lehrpersonen bestimmt – inklusive deren systemischer Wirkprozesse (Bandura 1969, 1986).

Kognitiv-behaviorale Aspekte der Angst sind erlernte kognitive Dimensionen wie negative Selbstbewertung, Selbstwirksamkeit, Attribution, Motivation, wie ab Kapitel 2 dargestellt.

Bedeutung des Elternhauses

Die Faktoren im Elternhaus, die zur Entstehung von Prüfungsangst beitragen, sind: Leistungsdruck, negative Leistungsbewertungen, Wettbewerb und misserfolgskontingente Bestrafungen (Pekrun 1999, Gartner u. Jirasko 1999), gesteigert durch eine geringe soziale Unterstützung (s. Abb. 1).

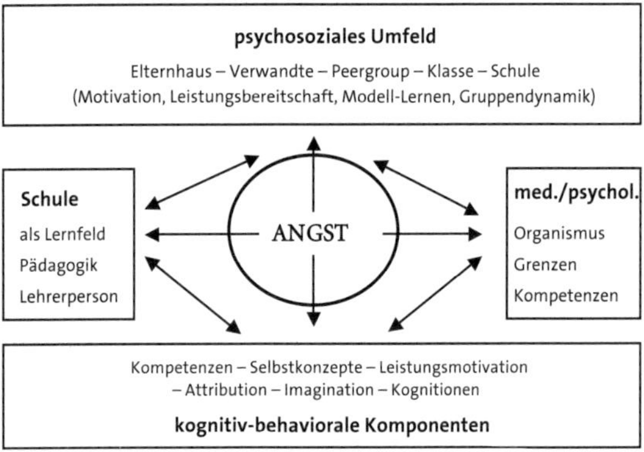

Abb. 1: Vernetzung der einzelnen Kausal- und Wirkfaktoren der Angst im Lernprozess. Die Leistungsfähigkeit und ihre Beeinträchtigung durch Angst bzw. Prüfungsangst werden durch zahlreiche soziale, medizinische, psychologische und vor allem auch kognitiv-behaviorale Faktoren beeinflusst (Kossak 2008 a, b, c).

Die vom Kind erlebte Inkonsistenz der elterlichen Verhaltensweisen und elterliche Strenge sind mit Anstrengungsvermeidung verbunden (Jirasko u. Sirsch 1996) – s. Abschnitt 5.4.

Bedeutung der Schule und der Mitschüler

- Das Entstehen von Prüfungsangst hängt stark von der wahrgenommenen Lernumgebung ab. So wird das Lernklima eindeutig durch Lehrermerkmale bestimmt (Schwarzer u. Jerusalem 1989). Starke Prüfungsangst im Mathematikunterricht wird z. B. durch schlechten Unterricht und hohe Leistungserwartung erzeugt (Helmke 1988).
- Allgemein hoher schulischer Leistungsdruck, schulischer Wettbewerb und leistungsbezogene Bestrafung erzeugen Angst (Pekrun 1991).
- Zusätzlich sind die Klassenkonstellation, die Klassengröße, der Lärmpegel und das Klassenklima Stress fördernd und begünstigen Sozial- und Leistungsängste (Bilz 2008).
- Nicht zu unterschätzen ist der Einfluss von Sozialstatus, Wettbewerb und Mobbing in der Klasse.
- Durch immer wiederkehrende Misserfolge und Ängste nimmt die subjektiv erlebte Prüfungsangst mit der Dauer des Schulbesuches zu (Pixner u. Kaufmann 2013).

Zusammenfassung

- Prüfungsangst ist ein mehrdimensionales Symptom.
- Sie wird durch zahlreiche Faktoren und Lerngesetze verursacht und aufrechterhalten, die Lerngesetzen unterliegen.
- Abnehmende Schulleistungen und/oder zunehmende Schul- oder Prüfungsangst sind oft Indikatoren für Störungen innerhalb des systemischen Netzwerks von Schule, Elternhaus, allgemein psychosozialem Umfeld und den individuellen medizinischen, psychologischen und kognitiv-behavioralen Komponenten der Lernenden.

Prüfungsangst, Häufigkeit und Geschlechterbezug

Da Prüfungsangst ist weder im ICD-10 noch im DSM-IV diagnostisch genau definiert wird, sind kaum epidemiologische Angaben dazu zu finden. Sie reichen bei Schülern von 15–20 Prozent (Suhr u. Döpfner 2000), Medizinstudenten haben zu ca. 10 Prozent behandlungsbedürftige Prüfungsängste und sind in ihren Studienleistungen beeinträchtigt. Allgemein sind hier niedrigschwellige psychotherapeutische Angebote dringend angezeigt (Schaefer et al. 2007).

Bei Jungen (der 6. Klasse) ist die Prüfungsängstlichkeit und Anstrengungsvermeidung stärker ausgeprägt als bei Mädchen (Jirasko u. Sirsch 1996). Jungen verfügen über mehr Aktivität zur Selbstmotivierung und Instruktion zur Aufgabenbewältigung als Mädchen (Dautermann et al. 1988). Durchgehende bedeutsame Geschlechterunterschiede liegen jedoch nicht vor.

Folgen der Prüfungsangst – und ihre systemischen Beziehungen und Auswirkungen

Längsschnittuntersuchungen zeigen, dass Prüfungsangst und Schulleistung sich gegenseitig beeinflussen. Dabei sind Misserfolgserwartungen bedeutsam (Pekrun 1991) und tragen zur Leistungsminderung bei (Dautermann et al. 1988). In Wechselwirkung können die schlechten Leistungen über negative Erwartungen eigener Kompetenzen Angst erzeugen (Seipp 1989).

Optimale Erregung

Bei Prüfungen, Theaterauftritten, Musikdarbietungen oder Sportwettbewerben gibt es eine *optimale Erregung*, die dazu dient, während dieser Zeit ausreichend Energie bereitzustellen (Zeidner 1998). Allgemein ist bekannt oder erfahrbar, dass diese Angst vor Beginn und am Anfang des Ereignisses am höchsten ist und sich nach den ersten gesprochenen Worten oder Handlungen langsam absenkt.

Der Stresspegel und damit das Erregungsniveau werden durch folgende Faktoren bedingt:

- hoher Grundstress z. B. durch Krankheit, Partner-, Familienprobleme, Finanzsorgen
- hoher Grundstress durch einen langen Vorbereitungszeitraum ohne Entspannungsphasen oder Vergleichsmöglichkeiten mit anderen Prüfungskandidaten
- kognitive Prozesse wie automatisch ablaufende Gedanken, Katastrophisierungen etc. und bereits die Anlaufschwierigkeiten am Prüfungsanfang, die eine Übererregung mit ihren Blockierungsfolgen bewirken können.

Beratungsaspekte

- Vollkommene Angstfreiheit bei Prüfungen wird es kaum geben.
- Eine gewisse Anspannung vor und in der Prüfung (bezüglich ihres Inhalts, Schweregrades, ihrer Konsequenzen) wird für jede Prüfung angemessen sein – auf diese Weise wird über eine gemäßigte Adrenalinausschüttung für die notwendige Aktivität und »Aggression« (i. S. von Herangehen) gesorgt.
- Als realistisches Therapieziel gilt demnach nicht vollkommene Angstfreiheit bzw. keine allzu große Gelassenheit.

Angst und Schulstress

- Angst und Stress sind stark miteinander gekoppelt und haben viele gemeinsame Verursachungsfaktoren und Auswirkungen.
- Schul- oder Lernstress ist eine Situation, in der ein Schüler mit einer Aufgabe konfrontiert ist, die er mit den ihm zur Verfügung stehenden Ressourcen nicht mehr angemessen bewältigen kann.
- Als Stressfaktoren (= Stressoren) gelten nicht nur die großen Ereignisse (»global events«) wie z. B. Verlust oder Krankheit einer nahestehenden Person. Auch täglich wiederkehrende und mit negativen Affekten verbundene Kränkungen, Sorgen, Beeinträchtigungen, Frustrationen oder Auseinandersetzungen (engl. = hassels) sind gesundheitsgefährdend (DeLongis et al. 1982, Eschenbeck et al. 2007; Miki 1999).
- Die subjektiven und objektiven schulischen Stressfaktoren im Elternhaus, Unterricht und in der Klasse sind nahezu mit denen der o. g. Angstfaktoren identisch (Kossak 2008c).
- Schmerz ist körperlich, aber auch kulturell und psychosozial bedingt. Dadurch ist er eng mit Stress und Angst gekoppelt. Die Zunahme von Angst oder Stress wird potenzielle Schmerzempfindungen also verstärken – und umgekehrt (Kossak u. Zehner 2011).

Das transaktionale/kognitive Stressmodell

Dieses Stressmodell ist u. a. für die Schulpraxis relevant. Seine Darstellung geht über unseren Rahmen der Grundinformation hinaus. Das Stressmodell ist online zusammengefasst dargestellt.[2]

Behandlungsmöglichkeiten in der Schule

In der Schule können neben kausalen Veränderungen (in der Klasse, im Unterricht) unterschiedliche Kurse im Stressmanagement angeboten werden, so z. B. das Schultraining »SOKO« (Bornhoff u. Bornhoff 2007).

In der Schulberatung oder Kinder- und Jugendlichenpsychotherapie sind einerseits Ausgleichssport und Entspannungsverfahren hilfreich, aber auch Bewältigungsstrategien wie Zeit- und Arbeitsmanagement und zahlreiche kognitiv-behaviorale Methoden, die auch bei der Angstbehandlung erfolgreich sind (Kossak 2013).

---

2 http://www.carl-auer.de/machbar/pruefungsangst__beraten_aus_sieben_perspektiven

Teil II
Komponenten der Prüfungsangst und Beratungsaspekte

Mehrdimensionalität der Prüfungsängste

Viele unserer Verhaltensweisen – hier besonders die Angst und auch die Prüfungsangst – sind meist mehrdimensional und werden durch mindestens sieben Komponenten bestimmt: Physiologie, Emotion, Motorik/Expression, Kognition, Motivation, Attribution und Imagination (Frenzel et al. 2007), aber auch attributional und imaginativ (Kossak 2013).

Sie interagieren intensiv und bilden ein komplexes System von Ursachen und Wirkungen (s. Abb. 2; Kossak 1993, S. 305).

Die Diagnostik des Angstverhaltens besteht darin herauszufinden, welche Komponenten besonders stark wirken und welche ihrer Interaktionslinien mit den anderen Einzelelementen besonders stark sind, d. h., welche Faktoren innerhalb dieses Systems andere auslösen können und insgesamt auf die Angst wirken – und sogar, welcher Faktor primär wirksam ist und die nachfolgenden gewissermaßen wie in einer Kettenreaktion auslöst.

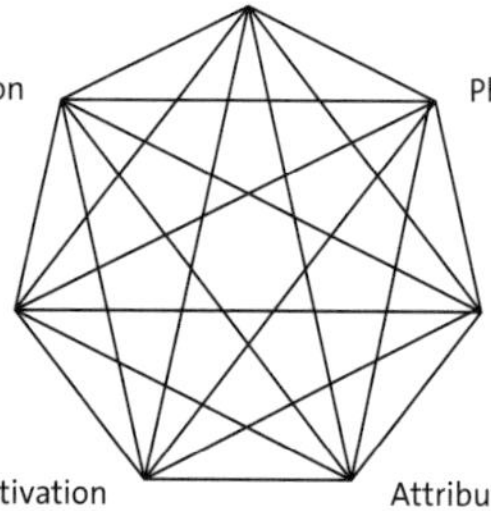

Abb. 2: Die 7 Komponenten des Verhaltens, hier der Angst. Alle Komponenten stehen in einem Wirknetz zueinander und beeinflussen sich gegenseitig – je nach Ursache und Bevorzugung einzelner Verarbeitungsmodi der Person unterschiedlich stark (Kossak 1993, S. 305).

Die hier vorgestellten Beratungsaspekte haben sich in meiner Praxis als Kinder- und Jugendlichenpsychotherapeut und Psychologischer Psychotherapeut als besonders effektiv und schnell wirksam erwiesen, da sie vorwiegend aus dem Repertoire der kognitiv-behavioralen Therapieformen entstammen.

Nachfolgend werden diese Einzelkomponenten der Angst auch einzeln in ihren Erscheinungsformen und

Auswirkungen dargestellt, gefolgt von den Beratungskriterien, die sich schwerpunktmäßig auf diese Komponenten beziehen. Dabei ist stets zu berücksichtigen, dass sie in einem gegenseitigen Ursache-Wirksystem stehen (s. Abb. 2), das systemisch wirksam, also ganzheitlich zu sehen und in der Beratungspraxis ebenso ganzheitlich einzusetzen ist.

1 Physiologie, Neuropsychologie, Neurobiologie – Körperreaktionen der Prüfungsangst

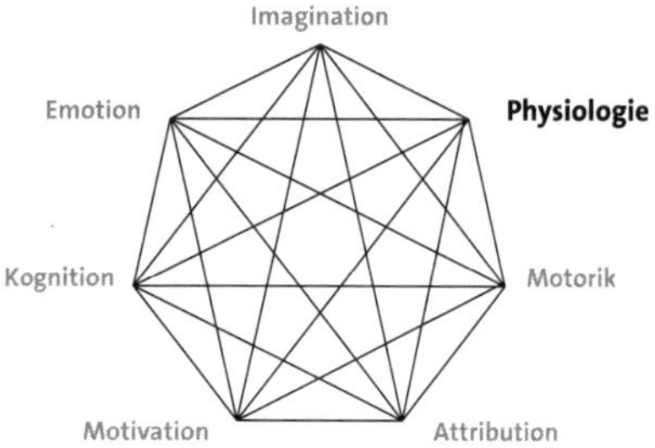

1.1 Physiologische und körperliche Ebene der Prüfungsangst

Die häufigsten und damit typischen physiologischen Reaktionen sind:

- Vegetative Reaktionen: Herzklopfen, Schweißausbruch, Erröten, Erbleichen, Zittern, Hitzewallungen, erhöhte Magen-Darm-Motilität (Durchfall, »Schiss haben«), Harndrang, Mundtrockenheit
- Unwohlsein

- Muskelverspannungen, Kopfschmerzen
- Konzentrationsstörungen
- usw.

1.2 Neurobiologie in Kurzform

Die Hälfte des Gehirns ist nur mit dem beschäftigt, was wir sehen. Das Gehirn bewirkt über die Sinnesorgane eine Simulation der Realität – und unsere Wirklichkeit sieht so aus, wie unser Gedächtnis denkt, dass sie aussehen müsste. Das Gedächtnis seinerseits wird wiederum von Emotionen, Bewertungen etc. beeinflusst.

Grenzen des Supersystems

Das Gehirn hat bei jüngeren Kindern einen hohen Energiebedarf und benötigt häufige Erholungsphasen, sonst erfolgen fehlerhafte Abspeicherungen oder unzureichende Gedächtnisleistungen. Gehäuft kommt es dann zu Lern- und Leistungsstörungen.
Trotz der hohen Rechenleistungen des Gehirns sind wir mit 4 bis 5 gleichzeitig ablaufenden Informationseinheiten (Multitasking) überfordert.

Sind beim Lernen (= Lesen, Verstehen, Einordnen, Notieren) zusätzlich ein emotionales Problem (Ärger, Liebeskummer), Musik und das Handy/Smartphone zu verarbeiten, wird das Gehirn in seiner Verarbeitungsleistung stark überfordert.

Bei Angst erfolgt jedoch Multitasking, da die Gehirnzentrale sehr schnell und effektiv zahlreiche archaische Rettungs- und Fluchtprogramme steuern muss, um das Individuum vor Beschädigung oder sogar Vernichtung zu bewahren und dadurch seine Art zu erhalten. Sie haben äußerste Priorität. Erst danach verfügen wir über die im Frontalhirn gesteuerten diversen Kontrollmechanismen und Handlungsplanungen (s. Abb. 3).

Beratungsaspekte

- Bei besonders starkem Stress oder starker Angst (Bedrohung) werden höhere kognitive Funktionen reduziert, ja sogar blockiert, damit die für das Überleben erforderlichen Funktionen ausreichend bereitstehen.
- Prüfungsangst wirkt sich auf die exekutiven Funktionen, besonders das Arbeitsgedächtnis, aus.
- Gerade Mathematikaufgaben erfordern ein prozedurales Wissen und ein gutes Arbeitsgedächtnis (s. Abb. 3c). Deshalb besteht gerade gegenüber Mathematik besonders große Angst, da man bei Angst nur eine geringe Gehirnkapazität dazu verfügbar hat. Hier bedingen sich Angst als Ursache und Angst als Folge von Lernproblemen gegenseitig.

Die folgende Abbildung 3 zeigt ein Grobschema der wesentlichen verarbeitenden Hirnareale und ihrer Funktionen bei der Reizverarbeitung und Speicherung (Kontrollfunktion der Amygdala – Schwerpunkt Angst). Bei Stress blockiert die Amygdala höhere kognitive Funktionen.

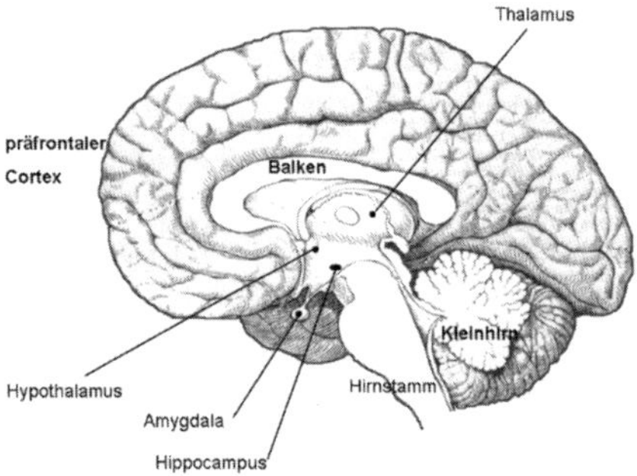

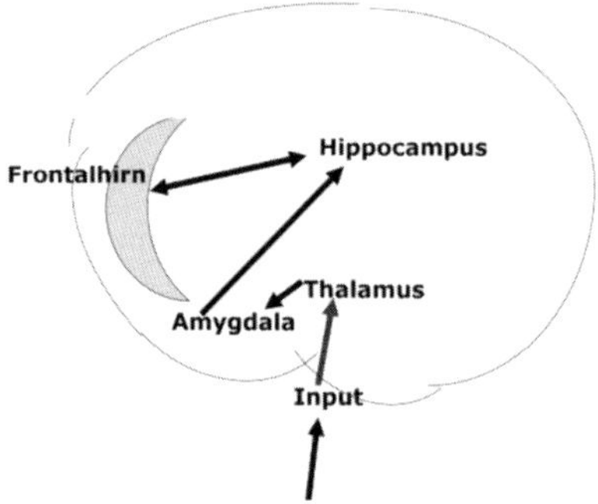

Abb. 3a: Relevante Hirnareale – im medianen Schnitt. Darstellung der für das Lernen relevanten Gehirnbereiche: Thalamus, Amygdala, Hippocampus, präfrontaler Cortex (links). Zur besseren Verdeutlichung sind die Areale auseinandergezogen. Ablauf der eingehenden Reize – vom Thalamus bis zum Frontalhirn (rechts).

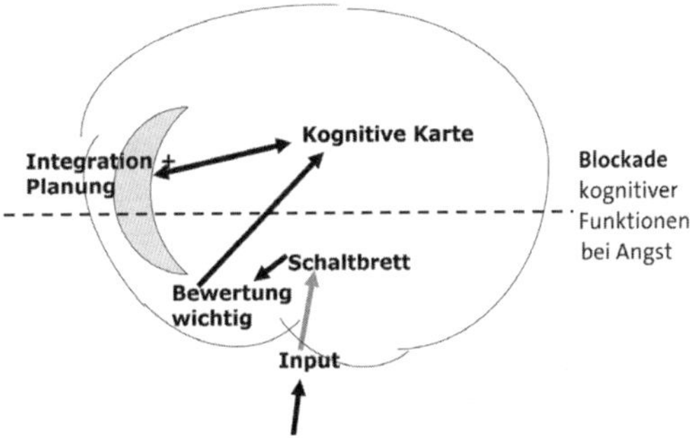

Abb. 3b: Funktionen der Areale, grob schematische Darstellung bei Angst, Gefahr, Stress, Trauma: Blockierung höherer kognitiver Funktionen durch die Amygdala.

1.3 Blackouts – Denkblockaden – Faden verloren

Bei Angst und Gefahr wird der Hippocampus abgeschaltet, denn zum o. g. existenziellen Überleben benötigt man keine höheren kognitiven Funktionen – sie sind sogar eher hinderlich. Personen in Angst oder Stress haben deshalb evtl. reduzierte kognitive Funktionen; sie können meist schlechter lernen und Gelerntes schlechter reproduzieren. Damit ist ein mögliches Blackout nun erklärbar: Der »Luxus« kognitiver Funktionen, Assoziationen etc. wird zur Arterhaltung (s. o.) abgeschaltet, und man erinnert sich an nichts (s. Abb. 3b).

Beratungsaspekte
- Die Angst vor Blockaden ist meist stärker und häufiger als ihr reales Vorkommen.
- Sie ist bei vielen Prüflingen sehr groß, und die Katastrophengedanken dazu werden zu Horrorszenarien aufgebauscht. In der Prüfungsrealität ist bislang kaum eine Person bewusstlos umgefallen – es sei denn, sie hat z. B. die falschen Tabletten genommen oder ist unterzuckert.
- Aber auch diese Blackoutfälle kann man wegen ihres extrem geringen Auftretens fast vernachlässigen.

Vor der Prüfung

Bereits vor Prüfungen können sich viele mentale Prozesse auf die Leistung begünstigend oder hemmend auswirken. Neben Negativgedanken etc. (s. Abschnitt 4.3) sollten besonders Gedanken an Blackouts und Ähnliches erkannt und abgebaut werden. Sie können sonst eine Eigendynamik bekommen und zu automatischen Gedanken werden (s. Abschnitt 1.3, 4.3) oder zur Selffulfilling Prophecy (s. Abschnitt 4.1) werden.

Angstgespräche in Schulklassen

Gespräche der Prüflinge vor der Prüfung beinhalten meist Negativthemen wie z. B.: »Hoffentlich kommt nicht NN dran … vor NN habe ich Angst … Wenn ich das … gefragt werde, dann bekomme ich ein Blackout etc. …« Sie führen meist zu einer »Gruppenpanik« mit steigendem Erregungsniveau. Sogar die Zahnarztangst wird nicht primär durch traumatisierende Erlebnisse verursacht, sondern durch Horrorerzählungen von Eltern, Bekannten oder Gleichaltrigen (Kleinknecht et al. 1984).

Prüfer wie z. B. Lehrer sollten solche Gespräche unterbinden und den Schülern raten, sich vor ihnen durch Weggehen zu schützen.

Ratschlag

Alternativ sollten positive Informationen oder positive Impulse erfolgen wie:

- »Den Stoff kennt ihr alle, wir haben ihn mit gutem Erfolg bearbeitet.«
- »Bleibt ruhig; bei der Abiprüfung passiert Ähnliches wie bei all den vielen vorherigen Klausuren …«
- »Denkt daran, dass ihr am Anfang die Aufgaben in Ruhe durchlest, dann eine kleine Pause für das Erinnern einlegt und dann die Aufgabe nochmals in Ruhe durchlest« (s. Abschnitt 1.5.1) usw.

1.4 Senkung des mentalen Erregungsniveaus bei Prüfungsängsten

Viele Personen haben Angst vor einem Blackout und dann besonders davor, nicht mehr weiterzuwissen, blöd auszusehen, dummes Zeug zu erzählen oder ohnmächtig umzufallen. Es besteht also primär die Angst davor, nicht mehr selbstbestimmt handlungsfähig zu sein. Deshalb sollten die Ratschläge darin münden, die mentale Aktivität beizubehalten und dadurch zu erleben, weiter selbstbestimmt und handlungsfähig zu bleiben.

Direkte Intervention bei Angst vor »Blocks«
Man sollte mental aktiv bleiben und daran denken, dass man die Situation doch noch beeinflussen kann = nicht passiv bleiben. Diese mentale Aktivität kann man durch folgende Interventionen oder Tricks aufrechterhalten und die Erinnerungen werden schnell wiederkommen:

- Man teilt kurz mit, dass man im Moment nicht weiter weiß, ein Blackout hat, z. B.: »Ich merke, dass mir gerade nichts einfällt; ich glaube, ich habe ein Blackout!« – und weiterreden wie z. B.:
- »Ich versuche mich wieder an die Frageninhalte zu erinnern. Wir sprachen gerade über NN ...«
- »Darf ich die Frage von gerade noch einmal hören bzw. darf ich sie nochmals wiederholen?«

- »Ich habe den Faden verloren. Ich beginne mit meiner Beantwortung nochmals und werde dann den Anschluss wiederfinden.«

Auf vorhandene mentale Ressourcen zurückgreifen und kurz aus der Thematik austreten
Dieses Vorgehen ist meist nur bei ausreichender Zeit, also in schriftlichen Prüfungen, möglich: z. B. an den letzten Urlaub, das Taucherlebnis, den Sonnenaufgang etc. denken und ihn sich plastisch vorstellen. Hilfreich kann hier auch Folgendes sein: sein Amulett, seinen Fingerring, sein Maskottchen, Lieblingstier real oder mental betrachten, evtl. berühren, streicheln und dadurch entspannen und mentale Distanz schaffen (s. Abschnitt 1.5.1 f.).

Das Gehirn kann nun während der entspannenden Vorstellungsszene automatisch – also unbewusst – nach den anstehenden Gedächtnisverbindungen suchen, und man findet wieder zum Thema zurück.

Überraschungsmoment abbauen und Suchprozesse fördern durch Pausendistanz

Oft will man antworten, bevor der neuronale Suchprozess im Gehirn über das umfassende Informationsnetzwerk erfolgreich die Antwort gefunden hat. Je mehr man sich nun bemüht, den Begriff zu finden, umso blockierter wird die Erinnerung daran. Es ist allgemein bekannt und experimentell bewiesen, dass nach einer kurzen Pause, in der man sich mit etwas vollkommen anderem beschäftigt, der gesuchte Begriff oft plötzlich präsent ist.

Konzentration auf mehreren Ebenen und Störungen abbauen

Während des Erzählens in der Prüfung können innere oder äußere Störungen auftreten, die ein Multitasking verlangen und dadurch beeinträchtigen bzw. überfordern.

Ratschläge:

- *Innere Störungen* wie z. B. negative Gedanken abstellen oder – falls möglich – die Aufmerksamkeit von ihnen abziehen durch z. B. Gedankenstopp und *positive* Zielformulierungen (s. Abschnitt 4.8.2)
- Bei *äußeren Störungen* abwarten, bis die Störungen vorbei sind oder um Ruhe, um Beendigung der Störung etc. bitten.
- *Faden verloren*: Zurückgehen zum Sachverhalt oder Satz davor; dadurch wird die unterbrochene Assoziation wiederhergestellt, und man kann im Konzept weitergehen. Je nach Kontext kann man auch Gesprächspartner oder Prüfer bitten: »Ich habe gerade den Faden verloren. Bitte, können Sie mir kurz ein Stichwort aus dem Satz vorher sagen. Dann finde ich wieder weiter.«

1.5 Erregungssenkung – Entspannungsmethoden

Wenn es die Situation erlaubt, sollte man sich in der angespannten Situation körperlich abreagieren und dadurch das schneller abbaubare Stresshormon Adrenalin reduzieren – z. B. durch Kniebeugen oder Auf-der-Stelle-Laufen. Mitunter hilft auch eine ruhigere Atmung, verbunden mit kurzer Muskelan- und -entspannung. Hierbei sollte bedacht werden, dass auch eine Hyperventilation auftreten kann.

Empfehlung:

- Zur Angst- und Stressreduktion sind allgemein recht unterschiedliche Entspannungsverfahren anzuraten; wir benutzen die Szene „Am Strand" (s. 1.5.1).
- Zur Kurzentspannung ist die Szene „Auf der Wiese" (s. 1.5.2) und die „Überallmethode" (Kossak 2013; s. 1.5.3) hilfreich.

Ziele und Auswirkungen sind:

- physiologische Regulation hin zu *optimaler Erregung*, also Beruhigung bzw. Entspannung
- Konzentrationsschulung, Steigerung des Wohlbefindens und Selbstkontrolle in kritischen Situationen
- Distanz zu kognitiven und mentalen Vorgängen, d. h. unangenehmen Gedanken, gewinnen, die dadurch

gleichgültiger und beherrschbarer werden, also auch Gedankenkontrolle und Emotionsregulation erreichen.

Personen, die regelmäßig (1–3 Mal pro Woche) Entspannung üben bzw. anwenden, haben trotz auftretender Belastungen stabilere Selbstwirksamkeitserwartungen und weniger der o. g. Negativgedanken.

Klassische Verfahren sind hier das Autogene Training, die Progressive Muskelrelaxation (Jacobson 1938), Imaginative Verfahren und Hypnose (Kossak 1989). Die ersten beiden sind meist nur in 6–8 Sitzungen von je ca. 45 Minuten Dauer erlernbar und benötigen in der späteren Anwendung ungefähr 10–15 Minuten. Dann erst können ihre jeweiligen Kurzformen erlernt und beherrscht werden. Imaginative Verfahren und Hypnose sind dagegen – richtig angeleitet – schneller erlernbar und oft bereits nach einer Sitzung vergleichbar wirksam (siehe unten).

Anwendung der Entspannung bei Kindern und Jugendlichen

Entspannungsverfahren sollten für die Zielgruppe altersangepasst sein. Ihr Interesse und ihre Motivation für das

Verfahren und das Vertrauen in den Lehrenden sollten ebenfalls vorhanden sein. Da die Vorgehensweise für Kinder ungewohnt sein kann, reagieren sie darauf anfangs oft mit Befangenheit und Albernheiten oder sogar Lachanfällen. Sobald sie jedoch merken, dass mehrere sich auf die Methode einlassen, kooperieren sie zunehmend angemessener.

Anwendung in der Schule und Psychohygiene im Alltag

Bei vielen Schülerinnen und Schülern sind zunehmend zahlreiche Problemstellungen zu finden, die gesundheitsfördernder und präventiver Maßnahmen (= Psychohygiene) bedürfen, wie z. B.: Übergewicht, Stress und psychische oder psychosomatische Probleme wie Aufmerksamkeitsstörungen (Petermann u. Natzke 2009), die durch einfache Methoden wie Entspannungstrainings auch in der Schule positiv beeinflussbar sind.

1.5.1 Entspannungs- und Ruheszenen

Für den Schulbedarf ist mein aus der Hypnosetherapie entwickeltes Verfahren sehr zu empfehlen, da es einfach zu erlernen und anzuwenden ist. Es wurde über Jahrzehnte erfolgreich eingesetzt und beinhaltet die intensive Imagination einer Naturlandschaft (s. u.) mit ihren unterschiedlichen Sinneseindrücken. Ruhig und überzeugend instruiert bewirkt das Bild bereits nach wenigen Minuten die gewünschte Entspannung und vor allem die kognitive Distanz zur anstehenden Aufgabe, die somit deutlich leichter bearbeitet werden kann.

Praxis: Entspannung – Ruheszene »Am Strand«
ca. 12 Minuten (Kossak 2013, S. 241)

»Du befindest dich hier am Strand; das ist dein Strand mit der herrlich weit geschwungenen Bucht vor dir und dem breiten weißen Sandstrand. Der ist so hell, dass er in der Sonne fast blendet. Du liegst auf deinem Badetuch und genießt die viele Zeit, die du hast. Die Sonne scheint warm auf deine Haut, du merkst deutlich die Wärme der Sonnenstrahlen in deinem Gesicht, wie diese dort die Haut leicht anspannen. Auch auf deinen Schultern (usw.) merkst du diese Wärme ganz deutlich.

Die Wellen des blauen Meeres sind ganz flach und laufen langsam, fast träge ans Ufer. Die Brandung ist ganz leise, ein leises Zischen vom Kommen und Gehen der Wellen ... Du riechst auch deutlich diese würzige Luft; das Salz der Seeluft spürst du deutlich in deiner Nase, vermischt mit dem leichten Geruch von Tang. Die Luft ist ganz salzhaltig; das merkst du auch auf deinen Lippen. Die schmecken ganz salzig; du merkst deutlich mit deiner Zunge diesen Salzgehalt; typisch nach Seeluft schmeckt es ...

In der Entfernung siehst du ein paar Segelboote langsam vorbeigleiten und einige Manöver machen, die Segel sind leicht aufgebläht im Wind. Und du genießt diese herrliche Entspannung an diesem wunderschönen Sandstrand mit den Wellen, die leicht auf und ab gehen, und der herrlichen Sonne, in der du so schön dösen kannst.

Nun bist du ganz tief und angenehm entspannt, fühlst dich wohl und wirst dieses angenehme Gefühl noch längere Zeit spüren. Du wirst es demnächst auch selbst bewirken können.

Nun beenden wir gleich die Strandszene, aber du wirst dich weiterhin entspannt und wohlig aktiv fühlen.

(Mit lauterer Stimme): Ich zähle jetzt von drei bis null und du wirst dich gleich wohlig aktiv und entspannt fühlen.

Drei: Du hörst deutlich meine Stimme, befindest dich hier in diesem Raum

Zwei: Du befindest dich hier im Raum und sitzt auf deinem Stuhl.

Eins: Du wirst gleich die Augen öffnen und dich wohlig entspannt und angenehm aktiv fühlen.

Null: Du öffnest die Augen und bist nun fit.«

(Es sollten nun ungefähr 30 Sekunden zur Rückorientierung gegeben werden. Durch ein anschließendes kurzes Gespräch erfährt der Berater einige Wirkungen und mögliche unangenehme Effekte. Er sollte dabei suggestiv mehr die Positivwirkungen hervorheben.)

1.5.2 Eine Kurzentspannung

In aufregenden Situationen wie z. B. bei Angst ist es meist erforderlich, ein Entspannungsverfahren so gut zu beherrschen, dass man es sofort anwenden kann. Entsprechend ist zu empfehlen, dass man das Erlernen einer Entspannungsmethode in den Unterricht mit einbezieht. Falls das nicht möglich sein sollte, kann auch eine Kurzform hilfreich sein, um vor Klassenarbeiten ruhiger zu werden, so z. B. die nachfolgende Szene »Auf der Wiese«. Hier wird bewusst auf Verneinungen verzichtet, da sie das Gegenteil bewirken können (s. Abschnitt 4.8.2).

Praxis: Vor der Klassenarbeit – »Auf der Wiese«
ca. 2 Minuten

Nachdem die Hefte bzw. Aufgabenblätter verteilt sind:

»Bitte lasst die Hefte noch geschlossen, denn wir machen jetzt erst einmal eine kleine Entspannungsübung.

Setzt euch entspannt hin, haltet eure Arme locker – atmet ganz entspannt und ruhig ... und schließt nun ganz locker eure Augen ... Nun stellt euch eine Wiese an einem schönen Sommertag vor ... Es scheint die Sonne und es ist schön warm ... Ihr steht nun auf einer schönen grünen Wiese, seht die Gräser und sogar ein paar Blumen ... die Sonne scheint schön warm ...

Du spürst die warmen Sonnenstrahlen in deinem Gesicht angenehm warm ... Es weht ein leichter Wind ... die Blätter eines nahen Baumes rauschen leicht ... du spürst diesen angenehmen leicht kühlen Wind erfrischend in deinem Gesicht ... hörst vielleicht sogar einen Vogel im nahen Baum zwitschern ... und du schaust dich um ... die Wiese ist auf einer leichten Anhöhe und du kannst ganz weit ins Land schauen ... runter ins Tal mit Feldern und einigen Häusern ... sie sind klein und weit weg ... und ein Fluss fließt dort ruhig und gemächlich ... Während du das alles gemütlich betrachtest, merkst du, ... wie du immer lockerer und entspannter wirst ... ganz locker ... du atmest ganz ruhig und entspannt ... deine Gedanken kommen und gehen ... du wirst auch weiter so ruhig bleiben ... wenn du nachher an die Aufgaben gehst ... Spüre deutlich deine Entspannung auf der Stirn ... im Gesicht ... in den lockeren Schultern ... in den Armen ... im Brustkorb ... und im Bauch. ...

Nun kannst du langsam die Augen öffnen, bleibst ganz ruhig, entspannt, atmest weiter ruhig ... und schaust nun das Heft (das Arbeitsblatt) an, bleibst ruhig und öffnest es. Du liest die Aufgaben ganz langsam und ruhig durch und beginnst dann mit ihrer Bearbeitung. Nun viel Erfolg dabei.«

Fallbeispiel: Ein 12 Jahre alter Junge verneint jegliche Allergiebelastung; zur Angstbehandlung soll er die Entspannungshypnose mit der »Wiese« erlernen. Bereits nach wenigen Sätzen bekommt er eine starke Niesattacke mit starkem Nasenausfluss, sodass die Intervention abgebrochen wird. Er erinnert sich nun, dass er bereits seit mehreren Jahren unter Heuschnupfen leidet, jedoch im Sommer und nicht – wie jetzt – im Winter. Sofort wird mit ihm ein anderes neutrales Entspannungsbild gewählt. Hier wird deutlich, dass bereits die Suggestion der Imaginationen von auslösenden Kontexten wie »Wiese, Gräser, Sommer etc.« die Symptomatik der allergischen Rhinitis auslösen konnten.

Das Beispiel zeigt auch, dass man nicht immer alle Beeinflussungsfaktoren abfragen kann – oder diese wie hier dem Klienten nicht immer präsent sind.

1.5.3 Die Überallmethode zur Kurzentspannung

Dieses einfache Verfahren habe ich entwickelt und als »Überallmethode« bezeichnet, da es überall und sehr diskret zum Angst- und Spannungsabbau einsetzbar ist (Kossak 2013, S. 370).

Sobald man mit einem Entspannungsverfahren zuverlässig einen entspannten Zustand bewirken kann, sollte der Übungsbeginn mit einem einfachen motorischen und taktilen Auslösereiz gekoppelt werden. Reine mentale oder kognitive Signale wie »Ich entspanne mich jetzt« sind dabei nicht so wirkungsvoll, da sie als Gedanken relativ schnell vergessen werden können – zumal in einer Situation, die per se mit mentaler Anspannung und Verwirrung verbunden ist.

Praxis: Auslösesignal für die Entspannung üben – Ankern

Empfohlen wird ein motorisches und taktiles Auslösesignal, das unauffällig handhabbar ist und später unbewusst automatisch eingesetzt wird.

Dazu soll der Klient von Beginn der Entspannung an sein linkes Handgelenk mit seiner rechten Hand mit leichtem Druck umfassen (bei Linkshändern ggf. umgekehrt) – dadurch ist er motorisch aktiv.

Bei ausreichend häufiger Übung erfolgt dadurch eine klassische Konditionierung: Das Auslösesignal »Handgelenkberührung« löst reflektorisch die vorher erlernte körperliche Entspannung und die damit verbundenen Entspannungsgedanken aus.

Sofort kann der Klient ruhig agieren, sprechen, Prüfungsfragen beantworten etc.

Ideologien, nach denen nun z. B. der Energiefluss gesteuert würde, sind hier keinesfalls angesprochen. Im Sprachgebrauch des NLP (Neurolinguistisches Programmieren) wird die bereits bekannte Methode des Gegenkonditionierens umbenannt – und hier »neu« als Ankern bezeichnet.

Indikationen

Die Methode ist vor oder bei möglichen zu erwartenden oder vorhandenen Stresssituationen anzuwenden wie z. B. bei mündlicher Beteiligung, vor und bei mündlicher Prüfung, Referat oder Rede, vor schriftlichen Arbeiten und während der Klausur zur Auffrischung der Entspannung (auch vor oder bei Vorführungen wie Musizieren, Sport, Schauspiel).

Auch Lehrern ist diese Methode in gewissen Stresssituationen des Berufs- und Privatlebens ebenfalls hilfreich.

Kontraindikationen von Entspannungsmethoden

Kontraindikationen liegen dann vor, wenn sie an Personen angewandt werden sollen, die mit Entspannung (o. Ä.) mentales Flucht- und Vermeidungsverhalten erreichen und sich dann der Realität mit ihren Anforderungen entziehen wollen. Auch bei bedeutsamen psychischen Störungen sind Grenzen gesetzt. Entspannung darf keinesfalls eine erforderliche Psychotherapie ersetzten, sondern kann – aber nur in Absprache mit den behandelnden Kinder- und Jugendlichenpsychotherapeuten – eine Ergänzung sein.

1.6 Die Bedeutung von Schlaf und Ernährung für das Lernen

Am Tage erlernte Inhalte wie Klavierspielen oder neue Rechenvorgänge sind erst nach dem darauffolgenden Nachtschlaf im Gedächtnis verfestigt. Wahrscheinlich wird das Langzeitgedächtnis erst im Schlaf gebildet. In der Traumphase (REM-Phase) und in der Tiefschlafphase wird das Gedächtnis nicht nur gefestigt, sondern dabei erfolgen auch kognitive Prozesse wie Problemlösungsstrategien (Wagner et al. 2004). Diese Forschungsergebnisse zeigen, dass der Schlafmodus dazu dient, Gedächtnis zu bilden, sich dadurch an Umwelteinflüsse anzupassen und das Bewusstsein zu formen. Schlaf kann deshalb sogar als starkes Hirndoping angesehen werden.

Schlafstörungen oder chronischer Schlafmangel führen demnach zu erheblichen Lern- und Leistungsstörungen, gefolgt von Versagensängsten.

Ratschlag

- Ausreichender Schlaf ist eine Grundvoraussetzung für das Behalten und Verarbeiten von Lerninhalten.
- Schnelles Einschlafen und ausreichenden Schlaf kann man erreichen, wenn man seiner biologischen Uhr folgt und den Körper an eine Regelmäßigkeit im Schlaf-wach-Rhythmus gewöhnt.

Dazu gehört auch ein tägliches Schlafritual:

- Einige Zeit vor dem Schlafengehen sollten aktivierende Tätigkeiten am Bildschirm (Computer, spannendes Fernsehen, Spielekonsole) beendet werden, denn sie bewirken je nach Inhalt psychischen Stress und durch die Bildschirmhelligkeit Tagesaktivität.
- Positive Gedanken und Bilder (anstatt Grübeleien) zum Einschlafen begünstigen positiven und erholsamen Schlaf.

Auch die Nahrungsaufnahme ist von großer Bedeutung für Lernprozesse. Bei vielen Schülern fällt das Frühstück aus, und nach ungefähr vier Unterrichtsstunden tritt eine Unterzuckerung ein, die starke Konzentrationsschwächen zur Folge hat. Entsprechend sollte kontinuierlich ausreichend Nahrung zugeführt werden. Bei lang dauernden schriftlichen Prüfungen kann deshalb Obst oder Traubenzucker in diesem Sinn konzentrationsförderlich sein.

1.7 Hirndoping: Neuro-Enhancement

Neuro-Enhancement ist die Steigerung der geistigen Leistung durch chemische Mittel.

- Viele Kinder sind bereits im Grundschulalter daran gewöhnt, Beruhigungsmittel oder »lernsteigernde« Mittel einzunehmen und werden dadurch zum Drogenkonsum konditioniert, sobald Aufregung, Anforderungen oder Stress entstehen könnten.
- Kinder lernen dadurch nicht, Spannungen, Frustrationen oder mögliches Versagen auszuhalten und Handlungsalternativen im Sinn einer Selbstwirksamkeit zu erwerben.

Durch unsere Beratungen oder allgemein Interventionen wollen wir den Kindern wirkungsvolle Alternativen dazu aufzuzeigen, die eigenständig und selbstverantwortlich angewandt werden können. Erweiterte Ausführungen zu Thema Erkrankung, Medikamente, Drogen sind online abzurufen (siehe Link auf S. 14).

1.8 Neuropsychologie der Pubertät

Gefühlsschwankungen und der Sturm und Drang von Jugendlichen sind durch allgemein starke Gehirnveränderungen in der Pubertät erklärbar (Ulhaas et al. 2009; Heatherton a. Wagner 2011). Erst in der Pubertät beginnt der Frontalkortex auszureifen, der für die Kontrolle von Gefühlen, Handlungsimpulsen und Selbstkontrolle verantwortlich ist (s. Abb. 3a, b).

Die Ausübung von Selbstkontrolle erfordert eine gewisse mentale Energie, die jedoch bei körperlicher oder seelischer Belastung verbraucht wird (Baumeister u. Vohs 2007). Derartige Belastungen sind u. a. psychosoziale Umweltfaktoren wie Schule, Beziehung zu Gleichaltrigen, Liebesbeziehungen und andere Herausforderungen wie Sport. Dazu trägt auch im Jugendlichenalter eine mögliche Überempfindlichkeit der Amygdala bei, die zu überschnellen Erregungs- und Angstzuständen führt und noch nicht ausreichend gedämpft wird.

Gleichzeitig kann eine Fehlregulation der Hormone das Entstehen psychischer Störungen begünstigen. Das erklärt, dass bei 10 bis 15 Prozent der Jugendlichen psychische Störungen und psychische Erkrankungen wie Ängste, Depressionen oder Schizophrenie gerade in der Pubertät beginnen (Paus et al. 2008).

2 Emotionen

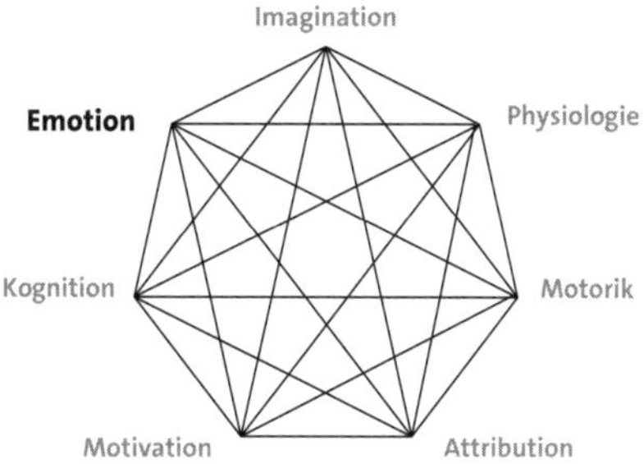

2.1 Emotionale Ebene der Prüfungsangst

Die häufigsten und damit typischen emotionalen Reaktionen bei Prüfungsangst sind:

- besorgte Stimmung, Angst, Sorge vor drohenden Misserfolgen und ihren möglichen Konsequenzen, z. B. Blamage
- diverse Komponenten und Folgen, wie z. B. Scham, Ärger
- Verzweiflung, Hoffnungslosigkeit, Depression
- Enttäuschung, innere Unruhe oder der Kloß im Hals.

2.2 Definition

»Emotion« ist ein Abstraktum, da Emotionen nicht direkt beobachtbar sind, sondern nur indirekt z. B. über Mitteilung, Mimik, Gestik, Pantomimik oder die Sprachmelodie.

- Emotionen sind angeboren und deshalb transkulturell verstehbar.
- Emotionen dienen als Kommunikations- und Informationsmuster der Menschen.
- Emotionen haben die Funktion, die sich ständig ändernden Beziehungen zwischen Organismus und Umwelt in Bezug daraufhin zu bewerten, ob lebenswichtige Ziele gefährlich oder förderlich sind (z. B. Scherer 1993).
- Emotionen sind bei der Steuerung komplexer Verhaltensweisen und Verhaltensabläufe beteiligt und führen zur Verhaltensvorbereitung und Motivation für bestimmte Verhaltensreaktionen (Panksepp 1998).

2.3 Klinische und therapeutische Relevanz der Emotionen

Menschliche Emotionen werden in großem Umfang von kognitiven Prozessen bestimmt, bewertet und gesteuert (Schachter u. Singer 1962).

Therapeutische Veränderungen sind oft nur dann sinnvoll und wirkungsvoll, wenn in der Therapie zusätzlich zur kognitiven auch die emotionale Verarbeitung der Emotionen erfolgt (Foa u. Kozak 1986). Dies beinhaltet hier, nicht nur oberflächlich ein Verhalten zu ändern, sondern auch im Rahmen des Gesamtsystems zentrale emotionale Bedeutungen und Bewertungen aufzuarbeiten.

Deshalb ist es wichtig, belastende Erinnerungen nicht allein zu aktivieren, weil dies zu weiteren Belastungen und Traumatisierungen führen kann. Vielmehr müssen nachträglich positive Lösungen und z. B. Umbewertungen erfolgen, wodurch andere und damit förderliche Emotionen möglich werden (emotionales Reframing; s. Abschnitt 4.6.2).

2.4 Emotionsregulation

Die Unterdrückung emotional belastender Gedanken kann zu weiterem Stress führen. Wahrscheinlich wirkt hier der umgekehrte Effekt der Negation (s. Abschnitt 4.8.2). Also ist auch das Verschweigen und Nicht-darüber-Reden auf Dauer symptomförderlich.

Jugendliche können ihre Emotionen oft durch Sport regulieren (Seiffge-Krenke 1984). Sie benötigen jedoch weitere Methoden, um ihre zahlreichen und sie mitunter verwirrenden Emotionen regulieren zu können.

Das Sprechen über Inhalte mit belastenden emotional relevanten Begriffen, die nicht direkt mit der gegenwärtigen Problematik des Klienten verbunden sind, kann hilfreich sein. Dadurch wird die Möglichkeit der Emotionsbearbeitung, zumindest ihrer Mitteilungen, gebahnt.

Falls verbale Zugänge nicht möglich sind und man dennoch einen Einblick in die Gefühle bekommen möchte, bieten indirekte und präverbale Mitteilungen gute Chancen – z. B. Tagebuchaufzeichnungen (Seiffge-Krenke 1997) oder ihr Ausdruck durch Tanz, Malerei etc.

Praxis: Tagebuch schreiben

Jugendlichen wird zum Stressabbau das Tagebuchführen empfohlen, bei dem sie sich an einen imaginierten Begleiter wenden. Bei (nahezu) regelmäßigen Tagebuchnotizen zeigen sich folgende positiven Befunde:

- Abreagieren der belastenden Tagesaspekte
- Von-der-Seele-Schreiben der Sorgen und damit ein Tagebuch in »Beichtfunktion«
- größere innere Ruhe und Sicherheit
- mehr Planungs- und Handlungszuversicht und -sicherheit
- größere Zufriedenheit mit sich selbst und mit Gleichaltrigen (Seiffge-Krenke 1997)
- Zunahme von Kreativität

- Dadurch kann man sowohl eine Homöostase als auch eine kognitive Umstrukturierung erreichen.

Realbezug zum Alltagsleben schaffen

»Die Schönheit liegt im Auge des Betrachters.«

(Thukydides, 454 bis ca. 399 v. Chr.)

Besonders jüngere Kinder, aber auch Heranwachsende, reagieren auf ungewollte Zufallskonstellationen mit emotionalen Bezügen – wie z. B. Auseinandersetzungen oder Betroffenheit – und bei Prüfungen überschnell sehr sensibel, da sie die Aktionen oder Reaktionen der Umwelt sehr schnell auf sich selbst beziehen. Daraus können dann wiederum sehr schnell pathologische dysfunktionale Gedanken und Attribuierungen mit ihren Folgeerscheinungen entstehen.

Bei der Auflösung derartiger Bewertungen kann der Sokratische Dialog hilfreich sein (s. Abschn. 4.7).

3 Motorik und Ausdrucksverhalten

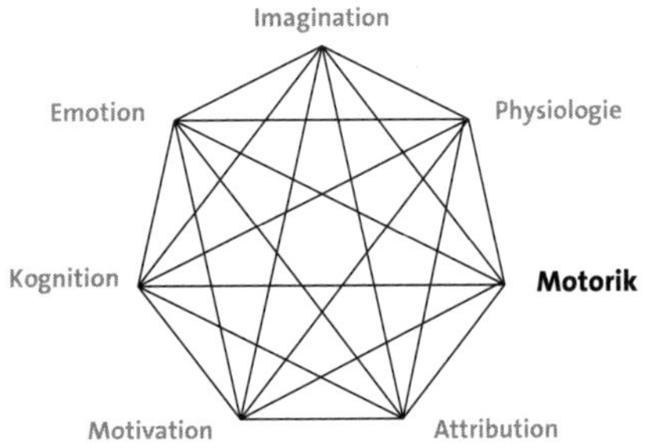

3.1 Motorische Ebene der Prüfungsangst

Die häufigsten und damit typischen motorischen Reaktionen bei Prüfungsangst sind:

- Erstarren, erhöhter Muskeltonus, Zittern und Gangunsicherheit, Sprechhemmung
- besonders typisch: ängstliche Mimik, die man zu verbergen sucht
- Vermeidung von Lernen, von Hausaufgaben, vom Schulbesuch, ggf. Weglaufen und Schulverweigerung

3.2 Ausdruck als Spiegel der Seele?

Zwischen Emotionen und Ausdruck als nonverbalem Verhalten besteht eine enge Verbindung, die wahrscheinlich genetisch bedingt ist, da menschliche Ausdrucksverhaltensweisen über den gesamten Globus verteilt transkulturell in fast identischer Weise geäußert und interpretiert werden, wie die vergleichende Verhaltensforschung es aufzeigt (Eibl-Eibesfeldt 1997).

Das nonverbale Ausdrucksverhalten ist somit das älteste Kommunikationssystem des Menschen.

Ausdruck und Emotionssteuerung

Emotionen und ihr Ausdrucksverhalten regeln auch Beziehungen. So kann ein Lächeln unabhängig von den derzeit vorherrschenden Emotionen zur Bestätigung, Beschwichtigung, Zuneigung oder Vermeidung dienen (Fridlund 1991). Kopfabwendung oder Bewegungslosigkeit kann Stress oder Angst anzeigen. Sie können unwillentlich oder gezielt von der gestressten Person eingesetzt werden, um eine Stressreduktion zu erreichen (Altorfer 2004). Meist sind dies Hilferufe, die man besonders im psychotherapeutischen Setting ernst nehmen sollte.

Die vom NLP aufgestellte Behauptung, die Blickrichtung zeige bestimme Gefühle oder sogar Denkrichtungen an, konnte nicht bewiesen werden (Coe a. Scharcoff 1985).

Beratungsaspekte: Sprachen und Gesten kommen parallel aus demselben Gedanken.

- Bei Sprechblockaden helfen deshalb Gesten dem Arbeitsgedächtnis, das richtige Wort zu finden.
- Gesten sind dabei Dolmetscher zwischen Bildern und Worten (Patschek 2011).
- Gestikulieren beim Sprechen sollte man deshalb fördern und nicht als unbeherrschte Untugend unterdrücken.

3.3 Unangemessenes Prüfungsverhalten?

In der Druck- und Angstsituation einer Prüfung sind folgende automatischen archaischen Reaktionen möglich:

- *Unterwerfung* – z. B.: »Ich mache alles, was du willst.«
- *Tot stellen* – z. B.: »Ich bin gar nicht anwesend und reize dadurch nicht zum Angriff.« – Körperstarre, im Extremfall Tonusverlust, Ohnmacht
- *Flucht* – z. B.: »Ich entziehe mich der Gefahr.« – aus der Prüfung gehen oder sogar dort nicht erscheinen
- *Aggressionen* – z. B. den Prüfer beschimpfen, ihm

Schläge androhen, provozieren etc. – »Angriff ist die beste Verteidigung.«

Die soziale Kontrolle befiehlt uns jedoch, in der Prüfungssituation sozial freundlich und angemessen zu reagieren. Das kann je nach Disposition und Kumulation einiger ungünstiger Variablen zu einem Kunststück werden.

Konfliktreaktionen

Der Prüfling befindet sich in einem Affektstau und Konflikt, denn einerseits hat er Angst, andererseits ist er konträr dazu auf Angriff eingestellt. Daher kann es in solchen Situationen zu Konfliktreaktionen oder Verlegenheitshandlungen kommen (Eibl-Eibesfeldt 1997).

Beispiele für solche Verhaltensweisen sind:

Sich entziehen durch Schlafen wird deutlich durch Gähnen, Rumräkeln.

Verlegenheit äußert sich oft mit Verhalten aus dem Putz- und Körperpflegebereich: sich kratzen, besonders im Bart oder auf dem Kopf, Haare ordnen, an der Kleidung rumnesteln.

Miniaggressionen (meist bei Kindern): Lippenbeißen, Hypermotorik, Nägelkauen, Anschreien, Gegenstände zerstören. Diese Verhaltensweisen sind relativ oft bei ängstlichen Kindern z. B. während des Zahnarztbesuches zu finden (Kossak u. Zehner 2011).

Mit diesem Wissen kann der Prüfer viel leichter Hilfen geben, da er dann das Verhalten nicht auf sich persönlich bezieht.

3.4 Beratung und Therapie

Trotz differenzierter Erforschung nonverbaler Verhaltensweisen und deren kommunikativer Auswirkungen können daraus bislang noch keine klaren Strategien für die Psychotherapie abgeleitet werden (Hermer 2004).

Die Inkongruenz der beiden Mitteilungskanäle Sprache und Gestik bzw. Mimik gilt es gerade in der Beratung und Psychotherapie zu entschlüsseln. Kinder und Jugendliche erkennen die Inkongruenz Erwachsener sehr schnell und empfinden sie als Verlogenheit.

Beraterverhalten

In Beratungsgesprächen erhöhen eine lebhafte Gestik und solche Verhaltensweisen, die Zuwendung signalisieren – wie Lächeln, Blickkontakt oder Kopfnicken –, die Überzeugungskraft und Attraktivität des Beraters (Hermer 2004).

Das Lächeln hat hier einen hohen Stellenwert, da es gerade bei belastenden Mitteilungen emotionale Nähe und soziale Beziehung anzeigt. Mit dieser nonverbalen Kommunikation nimmt der Therapeut unbewusst oder gezielt eingesetzt die Konditionierung der Sprachflüssigkeit und der Themenauswahl des Patienten vor. Zusätzlich ist Lächeln ein deutliches Anzeichen für eine angstfreie Interaktion und kann dadurch ebenfalls die Therapeut-Patienten-Beziehung verbessern. So kann das Lächeln des Prüfers bzw. der Prüferin dem Kandidaten Sicherheit geben.

Ratschlag
Am besten kann der Prüfer/Lehrer seine Zuneigung und Offenheit gegenüber dem Patienten/Ratsuchenden signalisieren, wenn er Blickkontakt aufnimmt, sich körperlich zuwendet, Hände und Arme offen und locker hält, ermutigend nickt (wenn es angebracht ist) und die Beine nicht übereinanderschlägt (Grawe 1998).

4 Kognition

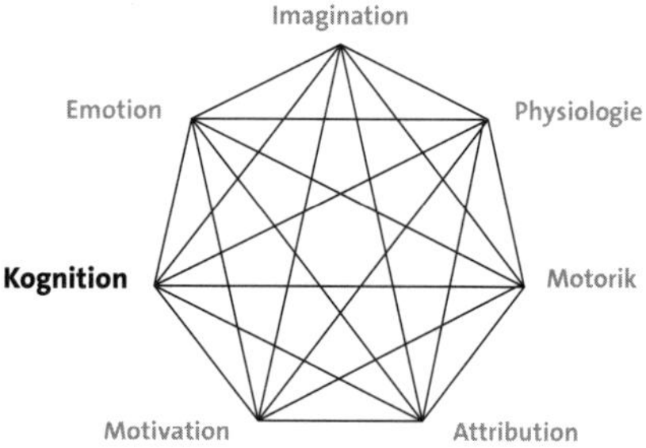

4.1 Kognitive Ebene der Prüfungsangst

Die häufigsten und damit typischen kognitiven Reaktionen bei Prüfungsangst sind:

- sorgenvolle Gedanken, katastrophisierende Gedanken, automatische Gedanken, zwanghaft wiederkehrende Gedanken, um Misserfolg kreisende Gedanken, dysfunktionale Gedanken, Selffulfilling Prophecy
- Behinderung aufgabenrelevanter Denkprozesse durch: Lern- und Gedächtnisblockaden, Fehler in der Wahrnehmung und Aufmerksamkeit, Konzentrationsstörungen

Prüfungsangst bewirkt auch eine Abnahme von Selbstregulation und führt zu fremdreguliertem Lernen, da Motivation und Eigenantrieb abnehmen.

4.2 Definition

Kognitionen sind mentale Prozesse und Strukturen – also alles das, was wir im Kopf erkennen, erfahren, kennenlernen (= lat. *cognoscere*) und was das Denken unterstützt (Wells 2011, S. 19).

In der modernen kognitiven Verhaltenstherapie werden Kognitionen als verdecktes (= nicht objektiv wahrnehmbares) Verhalten angesehen, das bestimmten Lerngesetzmäßigkeiten unterliegt und somit verhaltenssteuernd ist.

Im vorliegenden Kapitel bezieht sich Kognition auf die Bereiche Aufmerksamkeit, Gedächtnis, Gedanken, Lernen, Schlussfolgerungen und geistige Fähigkeiten (Intelligenz).

Angst bewirkt Denkstörungen

- Bestimmte Überzeugungen bewirken negative emotionale Konsequenzen.
- Demnach werden emotionale Störungen wie Angst durch »Denkstörungen« aufrechterhalten und werden immer von verzerrtem Denken begleitet (Ellis 1962).

- Dabei erfolgt eine dysfunktionale Verarbeitung und Verzerrung von Wahrnehmung und Gedanken, die zu einer selektiven Aufmerksamkeit führen, die sich insgesamt in Annahmen über z. B. die Auswirkungen von Verhalten widerspiegeln.
- Diese können insgesamt als »Schemata« bezeichnet werden (Bartlett 1932).
- Sie prägen die Deutung von Erfahrungen und führen zu Annahmen über die Welt. Für das betroffene Individuum erscheinen sie sinnvoll und logisch, für Außenstehende jedoch irrational.

4.3 Kognitive Schemata bei Angststörungen

Bei Angststörungen liegt eine Fehlfunktion bei der Verarbeitung von Gefahrreizen und den Informationen darüber vor. Die Gefahr wird demnach überbewertet und zeigt sich in der Ausbildung von Gefahrschemata, also irrationalen Überzeugungen und Annahmen zu Ereignissen, Handlungen, Gedanken und Objekten (Beck 1967).

Typische kognitive Fehler bei Ängsten:

Grübeleien, ob die Situation und das eigene Verhalten angemessen waren bzw. hätten anders gelöst werden können. Beispiel: »Wie hätte ich anders reagieren können? Habe ich mich zu dumm angestellt?«

Negative automatische Gedanken drängen sich auf und äußern sich meist im verbal orientierten Gedankenfluss und auch in bildhafter Form (Imaginationen, Tagträume). Beispiel: »Bei NN habe ich zu dumm geantwortet! Ich muss immer daran denken, wie er mich auf meine Antwort hin finster ansah.«

Katastrophisierende Gedanken mit Überschätzung der Bedrohlichkeit (Beck et al. 1985). Beispiel: »Durch die *eine* falsche Antwort kann ich meine *gesamte* Zensur verderben; ich werde dann durchfallen.«

Bereits bei der reinen Vermutung einer Gefahr greifen diese Schemata; es treten dann Selbstzweifel und Negativbewertungen (Attributionen) auf, die sich dann auch körperlich in Gangunsicherheiten etc. darstellen – verbunden mit überstarker Kontrolle des eigenen Verhaltens und Absicherung gegenüber den angenommenen Eingriffen der Umwelt.

Die dann eingesetzte überstarke Selbstkontrolle ist ein Absicherungsverhalten (Salkovskis 1991).

Absicherungsverhalten

Die Person versucht, die angenommene Gefahr durch Absicherungsverhalten und Vermeidungsverhalten zu verringern, welche durch ihre negative Verstärkung immer häufiger und löschungsresistenter werden (Wegner et al. 1987). Wird als Absicherungsverhalten die Atmungsregulierung eingesetzt, kann eine Hyperventilation eintreten.

Falls ein angenommenes Negativereignis nicht eintritt, wird es nicht der Realursache zugeschrieben, sondern dem eingesetzten Absicherungsverhalten. Dies führt wiederum zu einer Zunahme des Absicherungsverhaltens, da es ja »geholfen« habe. Dies kann soziale Situationen stark belasten und eine normale Kommunikation so sehr beeinträchtigen, dass es zur sozialen Abwertung der Person kommt oder zum Abbruch des Kontaktes mit ihr (Wells 1995).

Kognitive Verzerrungen und Denkfehler

Dysfunktionale Gefahrschemata bewirken eine kognitive Verzerrung in der Informationsverarbeitung (z. B. Beck et al. 1979). Die häufigsten Denkfehler bzw. Verzerrungen sind (nach Wells 2011, S. 27):

- *Willkürliche Schlussfolgerung:* Ohne ausreichende Beweise werden nur die Schlüsse gezogen, die in das Schema passen. Beispiel: »Er kann mich nicht leiden und wird es mir in der Prüfung heimzahlen.«

- *Selektive Abstraktion:* Es wird nur *ein* Aspekt herausgesucht und als Beweis angesehen, während die anderen relevanten unbeachtet bleiben, ignoriert werden. Beispiel: »Er hat auf meine Antwort hin nicht genickt. Also muss ich ganz schlecht in der Prüfung sein.«
- *Übermäßige Verallgemeinerung:* Ein einziger Vorfall wird verallgemeinernd benutzt, und daraus werden dann Schlussfolgerungen für nahezu alle Ereignisse gezogen. Beispiel: »*Immer mir* passiert das. – *Keiner* mag mich. – *Alle* sind sie gegen mich. – Ich bekomme *immer* die schwersten Fragen. – *Nie* bekomme ich angenehme Fragen.«
- *Maximierung/Minimierung:* Die Bedeutung von Ereignissen wird maximiert oder minimiert; positive Ereignisse oder Erfolge werden abgewiegelt oder bestritten, währen negative aufgebläht werden. Beispiel: »Mit der *einen* Antwort kann ich mir *alles* verderben. – *Ein* Erfolg ist *kein* Erfolg.«
- *Personalisierung:* Externe Ereignisse bezieht die Person auf sich selbst, obwohl dafür keinerlei Beweise vorliegen. Beispiel: »Wenn ich nicht gefragt hätte, dann wäre NN nicht passiert.«
- *Gedankenlesen:* Es wird objektiv grundlos angenommen, dass andere Menschen auf einen negativ reagieren. Beispiel: »Ich weiß doch genau, dass er mich reinlegen will.«
- *Dichotomes Denken:* Es gibt nur zwei Alternativen wie Alles oder Nichts, Schwarz oder Weiß.

- *Emotionale Beweisführung:* Das Gefühl zählt als Beweis einer Richtigkeit. Beispiel: »Ich fühle, dass er mich ablehnt, also hat er etwas gegen mich.«
- *Tunnelblick:* Nur das selektiv wahrnehmen, was in das Schema passt. Beispiel: »In Sprachen bin ich ganz schlecht. Also bin ich auch in Mathe schlecht.«

4.4 Altersbezogene Beratungsangebote – Beispiel Sport

Wenn der Berater Beispiele und empfohlene Methoden aus dem Interessen- und Erfahrungsbereich der Ratsuchenden entnimmt, dann können diese sie besser verstehen und umsetzen.

Gewonnen wird im Kopf – verloren wird im Kopf.

Da viele Schüler am Sport interessiert sind, kann man in der Beratung die zur Prüfungsangst analogen Begebenheiten und Methoden aus dem Sport verwenden. Auch hier werden zahlreiche der hier im Buch genannten Methoden genutzt.

Wie sehr auch körperlicher Sport von Gedanken und Attributionen abhängig ist, zeigt das nachfolgende Beispiel.

Die Hochspringerin Ariane Friedrich schafft bei der Weltmeisterschaft 2009 in Berlin die vorgegebene Höhe zur Goldmedaille von 2,06 Metern nicht; denn mit der geringeren Höhe davor hatte sie bereits die Bronzemedaille sicher. Durch die Erleichterung darüber war die für weitere Hochleistungen erforderliche Spannung abgebaut, und das erforderliche Adrenalin (etc.) war nicht mehr vorhanden (siehe hierzu auch Teil I zur optimalen Erregung).

4.4.1 Topform und Höchstleistung – der Tunnel zur Konzentration

Beim intensiven Musikhören, Telefonieren, Fernsehen etc. können wir vollkommen versunken sein, fixieren uns nur auf dieses Geschehen und nehmen andere Informationen nicht oder kaum wahr. Sie sind dann (fast) vollkommen ausgeblendet. Sportler begeben sich durch diese Vorgehensweise in einen Tunnel der Konzentration, der sie von äußeren Störelementen abschirmt, in dem sie Störendes ausblenden und negative Gedanken abprallen lassen.

Dazu sind folgende Zusatzmethoden zu empfehlen: Am Strand (1.5.1); Auf der Wiese (1.5.2); Positive Gedanken (1.8.2).

4.4.2 Pep-Talk – das motivierende Selbstgespräch

Negativgedanken kehren bei länger anhaltenden Belastungen wie im Sport oder bei Prüfungen relativ häufig wieder. Sie müssen unbedingt unterbrochen werden, damit sie nicht leistungsmindernd wirken.

Beratungsaspekte

Hierbei sind *positive Selbstgespräche* oder kurze *Selbstinstruktionen* sehr hilfreich wie:

- »Ich bleibe ganz ruhig, lese diese Anweisung noch einmal ganz in Ruhe durch.«
- »Mein Berater, Herr NN, sagt immer: ›Entspanne erst mal, schaue erst aus dem Fenster und dann erst liest du die Aufgabe durch.‹ – Ich entspanne und nehme erst einmal Abstand; dann wird mir das Richtige einfallen.«
- »Ich soll erst nachsehen, welche Aufgaben ich kann, und festlegen, ob ich mit diesen beginne.«
- »Ich bin gut vorbereitet, habe alles gelernt und kann ganz ruhig die richtige Antwort finden.«
- »Ich beobachte mich jetzt, wie ich ruhiger werde: Meine Hände werden ruhiger, meine Atmung entspannter. Ich kann nun entspannter an die Aufgabe gehen.«

4.4.3 Den Startpfiff üben – zum optimalen Start

Vor der Prüfung kann die größte Aufregung entstehen und zur Verwirrung führen. Es kann zu »Fehlstarts« und

Fehlern kommen, sodass z. B. eine Aufgabe nicht richtig verstanden wird; fatalerweise werden dann z. B. Wörter wie »nicht« übersehen. Am besten sollten die Starts für Prüfungen deshalb wie im Sport trainiert werden, damit man cool und entspannt bleibt.

Beratungsaspekt

- Das Üben kann im stillen Kämmerchen zu Hause bei Übungsaufgaben erfolgen. Man stellt sich die Prüfungssituation vor (Raum, Personen, Blatt mit der Aufgabenstellung etc.) und verfährt nun so, wie erforderlich – z. B. Entspannung mit der Überallmethode (s. Abschnitt 1.5.3).
- Kurze Probeklausuren in einer Lerngruppe von Freunden sind hierbei ebenfalls hilfreich.
- Kurze schulische Probeklausuren, die im Rahmen des Faches oder in der AG zur Prüfungsvorbereitung geschrieben werden, sind sehr zu empfehlen.

4.4.4 Den Abpfiff üben – die Würfel sind gefallen

Nach einer Prüfung ist der Stress teilweise genauso hoch wie davor oder dabei, denn nun beginnen die Überlegungen, was man falsch gemacht hat, was man hätte besser machen können usw.

Es ist normal, sein Prüfungsverhalten zu reflektieren. Man sollte dabei jedoch aufpassen, dass diese Nachüberlegungen sich nicht verselbstständigen und zu erneutem kognitiven Stress führen (Grübeleien, Selbstvorwürfe, Negativgedanken), der seinerseits die nachfolgenden Prüfungen mit Angst belegt.

Beratungsaspekte
Nach dem Abpfiff ist das Spiel zu Ende, und keine Macht der Welt kann an diesem Ergebnis etwas ändern.
Da wir also nichts mehr ändern können, sollten wir uns nur *knapp* die Fragen beantworten:

- Habe ich dafür ausreichend gelernt – welche Konsequenzen ziehe ich daraus?
- Habe ich mich vorher entspannt, um ruhig zu werden?
- Habe ich mich wie empfohlen und wie vorher eingeübt verhalten: Aufgabe durchlesen, Pause, Aufgabe dann nochmals lesen – und nun erst antworten?
- usw.

Danach sollte ein Gedankenstopp erfolgen, um abzuschalten, denn die Würfel sind gefallen!

4.5 Soziale Phobie als Teil der Prüfungsangst – Angst vor Negativbewertungen

Die kognitive Bewertung bezieht sich auch auf die Angst vor Negativbewertungen. Darauf erfolgt eine selbstbezogene Aufmerksamkeit (s. Absicherungsverhalten, Abschnitt 4.3) und führt zur Leistungsbeeinträchtigung.

Die Furcht vor dem Leistungsversagen hält die Angst vor dem Kontakt mit der auslösenden Situation aufrecht, die ihrerseits wieder zum Problemverhalten im Sozialbereich führen kann. Dadurch wird wiederum das Selbstbild negativ bewertet und erzeugt seinerseits wiederum Angst.

Hier begegnen wir vielen Angstkomponenten, die im Bereich der sozialen Ängste liegen (s. Teil I und Abb. 1).

Prüfungssituation

Soll eine sozial ängstliche Person eine Aufgabe mündlich beantworten, dann kann ihr sozialer Angstpegel so hoch sein, dass sie sich primär dabei beobachtet, ob sie verspannt dasteht, keinen kritikwürdigen Eindruck macht, nicht ausgelacht wird usw. Die Aufmerksamkeit für die gestellte Aufgabe wird dadurch beeinträchtigt, und es kann sogar zur spontanen partiellen Blindheit, Taubheit oder Amnesie gegenüber der Aufgabe kommen. Das Kind antwortet dann nicht oder es antwortet falsch – weil es punktuell nichts oder nur Fragmente gehört und verstanden hat. Hier ist eine Behandlung der Sozialangst angezeigt.

Beratungsaspekte:
Gewöhnung an die mündliche Prüfungssituation

- Hilfreich ist es, wenn sich der Prüfling einige Zeit vor der Prüfung mit dem Raum vertraut machen kann. Er kann sich so auf seine Umgebung einstellen.
- Sobald sich der Prüfungskandidat auf diese Weise orientieren konnte und damit auch eine (nahezu archaische und evolutionär bedeutsame) Absicherung seiner Situation vorgenommen hat, kann er dann entspannter und angemessener seine Aufmerksamkeit auf die Prüfungsfragen richten.

4.6 Kognitive Umstrukturierung – Reframing

Durch Angst (auch Depression, Zwang etc.) entstehen – wie bereits dargestellt – Wahrnehmungsverzerrungen sowie irreale Gedanken und Bewertungen. Als Therapieverfahren werden hier kognitive Neubenennung und Umstrukturierung angewandt. Sie bedienen sich vielfältiger methodischer Vorgehensweisen.

Da die Bewertungen, Wahrnehmungsverzerrungen etc. innerhalb eines bestimmten Bezugsrahmens erfolgen, wird ihnen durch die Intervention ihr alter und damit angstfreier Bezug- und Bedeutungsrahmen wiedergegeben. Deshalb verwendet die systemische Familientherapie (Satir et al. 2000) hier den synonymen Begriff »Reframing«, der auch vom Neurolinguistischen Programmieren (NLP) übernommen worden ist.

Je nach Störungstypus wird unterschieden zwischen Inhaltsreframing, Bedeutungsreframing und Kontextreframing.

Kognitive Neubenennung und Umstrukturierung

Es gibt zahlreiche sehr effektive Methoden zur kognitiven Umstrukturierung. Einige von ihnen sind zusammengefasst online abrufbar (siehe die Fußnote auf S. 14).

Musterunterbrechung

Im Alltagsleben entwickeln wir Gewohnheiten oder Rituale, die als feste *Verhaltensmuster* von Gedanken, Einstellungen, Attributionen auftreten, weil sie früher in einem bestimmten Kontext sinnvoll waren. Die Muster können dabei so festgefahren sein, dass Alternative bzw. Lösungen kaum noch gesehen oder akzeptiert werden können.

Aufgabe der Beratung und Therapie ist es, derartige Muster oder Schemata zu erkennen und lösungsorientiert abzubauen bzw. durch bessere bzw. funktionale

Bewertungen und Handlungen zu ersetzen, also eine Musterunterbrechung zu erreichen.

4.7 Sokratischer Dialog – Hilfe zur Problemerkenntnis und zu Lösungswegen

4.7.1 Grundlagen und Indikation

Diese Methode ist gerade bei Beratern und Lehrern als Basiskompetenz bekannt. Zur Auffrischung ist eine Zusammenfassung online abrufbar (siehe S. 14).

4.7.2 Überprüfungstechniken von Handlungen und Entscheidungen (nach Stavemann 2011)

Empirische Überprüfung des Wahrheitsgehaltes: z. B. »Wurde ich ausgelacht oder war eine andere Person gemeint? Wie oft geschieht so etwas – ist es dann wahrscheinlich, dass es ausgerechnet dich betrifft? Mache eine Strichliste und zähle nach, wie oft man im Unterricht lacht.«

Logische Überprüfung der Schlussfolgerungen: z. B. »Halten die anderen Kinder dich wirklich für dumm, weil du einmal ausgelacht wurdest? In Mathe bist du doch sehr klug.«

Normative Überprüfung: z. B. »Meinst du, der Lehrer würde es zulassen, dass dich die Kinder böse auslachen? Würdest du es den Kindern, die deine Freunde sind, zutrauen, dass sie so böse über dich denken?«

Funktionale Überprüfung: z. B. »Kannst du damit dein Ziel wirklich erreichen? Kannst du in der kritischen Situation dann wirklich ruhig bleiben? Was könnte dir dabei helfen? Wie kannst du den Erfolg davon feststellen?«

Hedonistische Überprüfung: z. B. »Nutzt dir das sofort (kurzfristig)? Nutzt das auch auf Dauer? Welche Vorteile kann es erbringen? Soll damit nur etwas vermieden/verhindert/verdeckt werden?«

4.7.3 Grenzen

Personen, die sich nicht reflektieren und wenig abstrahieren können, sind durch die Methode überfordert; sie sollte also dem Entwicklungsstand der Kinder angepasst sein.

Wenn die Berater-Schüler-Beziehung nicht tragfähig ist und wenn der Dialog zu früh unterbrochen oder beendet wird, entstehen z. B. Ablehnungen gegenüber Beratung oder Berater, Gefühle des Alleingelassenseins, sogar der Verwirrung. Auch kann dadurch die Dysfunktion der

Gedanken weiter verstärkt werden (»Sogar der versteht mich nicht!«).

4.7.4 Effektivität

Von unterschiedlichen Therapieformen wird der Sokratische Dialog als eine Teilmethode eingesetzt und als effektiv beschrieben (Stavemann 2007).

4.8 Gedanken und Gedächtnis

Da Prüfungsangst auch eng mit Erinnern und Wiedergeben gekoppelt ist, sind insgesamt Lern- und Arbeitstechniken zu empfehlen, die dies besonders berücksichtigen. Dazu gehören z. B. Techniken zum angemessenen Abspeichern und die SQ3R-Methode (Robinson 1961; Kossak 2008c). In der Prüfung selbst kann Priming (s. u.) empfohlen bzw. sogar vom Lehrer/Prüfer angewandt werden.

4.8.1 Priming – Bahnung

Falls zwischen zwei Wörtern ein semantischer Bezug besteht, kann die Wahrnehmung oder Verarbeitung des einen Wortes das Erinnern an ein zweites damit verbundenes bahnen (Neely 1991). Konkret angewandt: Das Wort »Hammer« wird unbewusst das Auftreten des Wortes »Nagel« begünstigen, das ja semantisch mit ihm unter den Begriffen »Werkzeug oder Reparatur« verbunden ist.

Bedeutung des Primings für das Lernen

In mehrfacher Hinsicht ist das Priming beim Lernen und Erinnern aktiv und kann z. B. auf folgende Weisen genutzt werden:

Beim Lernen und Speichern:

- Vokabeln (Formeln, Definitionen) sollten nie isoliert gelernt werden, sondern immer in einem semantischen, emotions- und wahrnehmungsbezogenen Kontext.
- Schwierige Vokabeln oder Begriffe sollte man beim Lernen jeweils laut aussprechen und die damit verbundenen Vorstellungen (Aussehen, Farbe, Geruch etc.) aufrufen, dann ihre semantische Einordnung vornehmen (z. B. Wechselstrom; vegetatives Nervensystem) und wieder laut aussprechen.

In der Prüfung:

- Nachdem der prüfungsrelevante Begriff gehört oder gelesen wurde, empfiehlt sich eine kurze Pause von wenigen Sekunden, in der das Suchen innerhalb des neuronalen Netzwerkes erfolgen kann und die Elemente des Begriffs von neuronalen Netzwerken ins Bewusstsein gerufen werden.

- Im Unterricht/Prüfung kann bei fehlender Erinnerung das Priming helfen, indem man dem Kandidaten bzw. dem Schüler empfiehlt, Begriffe (etc.), die zu dem Bereich passen, in Erinnerung zu rufen und darüber kurz zu sprechen.
- Der Prüfer kann durch Erzählen von kleinen (assoziierten) Anekdoten oder durch das Erwähnen von prüfungsrelevanten ähnlichen Sachverhalten ebenfalls zur Erinnerung an das Gelernte beitragen.

4.8.2 Verneinung – Gedankenunterdrückung

Sollen z. B. störende Gedanken abgebaut werden, wird meist versucht, diesen Gedanken zu verneinen wie z. B.: »Ich denke *nicht* mehr an meine schlechte Zensur/Blamage etc. …« Dabei entsteht der *paradoxe Effekt der Gedankenunterdrückung*, denn dieser Gedanke tritt nun signifikant häufiger auf; je stärker man versucht, ihn zu unterdrücken, umso unangenehmer drängt er sich auf (Wegner et al. 1987; Wegner u. Erber 1992). Die Verneinung bewirkt eine Aufmerksamkeitsfokussierung und führt dann paradoxerweise zu einer Hyperakzessibilität, also Überbereitschaft für den verneinten Gedanken.

Folgerungen für die Prüfung:

- Bei hoher Aufmerksamkeitsbeanspruchung treten Negationen besonders häufig auf, also auch bei Angst.
- Die Aufmerksamkeit für bestimmte Reize wird besonders hoch, und bedrohliche Reize oder Informationen dazu werden hervorgehoben wahrgenommen (Amir et al. 1998).
- Werden vor dem Einschlafen Gedanken unterdrückt, träumt man wesentlich häufiger davon.
- Negativgedanken bewirken schlechten Schlaf. Deshalb sollten zum Einschlafen ausschließlich Positivgedanken und entspannende »schöne« Vorstellungsbilder zugelassen werden.
- Wesentlich wirksamer sind alternative *positive* Vorschläge oder Angebote.
- *Positive* Formulierungen beinhalten meist eine *positive* Zielorientierung, sind also die Basis jeglicher pädagogischer und therapeutischer Bemühungen.

Beispielformulierungen bei Prüfungsängsten

Negativformulierung	*Positivformulierung*
Vergesst bitte diese Bezeichnung NN, erinnert euch nicht daran.	Ich korrigiere mich. Richtig ist folgender Begriff XX; merkt euch diesen Begriff XX.
Du musst keine Angst haben beim Melden.	Versuche mal, vor dem Melden ruhig Luft zu holen und ruhig zu sein. Dann kannst du auch ruhig antworten.

Du wirst keine Panik in der Prüfung haben.	Du bist gut für die Prüfung vorbereitet und weißt sehr viel. Bleibe ganz entspannt – so wie du es gelernt hast. Du wirst das gut können.
Du wirst schon keine schlechten Zensuren schreiben.	Du weißt doch alles und hast gut geübt. Also wirst du die Aufgaben schon prima bearbeiten.
Du brauchst nicht aufgeregt zu sein.	Gleich anfangs liest du in Ruhe die Aufgabe, wie schon öfter eingeübt, durch und entspannst dann für ein paar Sekunden.

4.8.3 Unaufmerksamkeitsblindheit

Gegenstände, Handlungen oder Personen werden von uns meist erst dann bewusst wahrgenommen, wenn wir unsere willkürliche Aufmerksamkeit auf sie richten – oder wenn sie durch Besonderheiten (Geräusch, Bewegung, Farbe) unsere unwillkürliche Aufmerksamkeit auf sich lenken. In ihren Experimenten gaben Simons und Chabris (1999) Zuschauern eines Basketballspiels die Aufgabe, nur die Ballabgaben der *einen* Partei zu zählen. Während des Spiels ging dann ruhig ein als Gorilla verkleideter Mann quer über das Spielfeld und wurde nicht wahrgenommen. Die Aufmerksamkeitsfokussierung auf die Zählaufgabe bewirkte Unaufmerksamkeit für andere parallel ablaufende Handlungen und führte zur *Unaufmerksamkeitsblindheit* für diese (Mack a. Rock 1998).[3]

Ebenso können wir uns an alltägliche Geschehnisse so gewöhnen, dass wir ihre Veränderungen nicht wahrnehmen. Diese *Veränderungsblindheit* nutzen z. B. Zauberkünstler, und sie ist für Ehemänner fatal, wenn sie den neuen Pulli ihrer Frau nicht (sofort) wahrnehmen.

Bei schriftlichen Prüfungen kann die Aufmerksamkeitsfokussierung auf eine Aufgabenstellung so extrem sein, dass Teile von ihr übersehen werden wie z. B. Verneinungen oder die Übertragung vom Präsens ins Futur. Ganze Sätze können dadurch »verloren gehen«.

4.8.4 Kognitive Aspekte des Lernens

Realangst und Wertigkeit des Lernens

Falls der Prüfungsstoff nicht oder nur teilweise beherrscht wird, besteht eine reale Versagensangst. Der Dauerstress ist hier vorhersehbar. Oft meinen die davon betroffenen

3 Das Experiment ist bei YouTube unter „Count the number of passes" zu sehen. Zur Veränderungsblindheit siehe ebd. unter „Color Changing Card Trick".

Personen, ohne diese Form von Stress in den letzten Minuten nicht arbeiten zu können. Selten wird bei dieser Arbeitshaltung, die viel mit der Wertebedeutung des Lernens und seines Vermeidens zu tun hat, eine dauerhafte Einstellungsänderung bewirkt. In Fachkreisen wird die Arbeitsstörung dann als Trendleiden intellektuell verschleiert: »Ich prokrastiniere dann! (= Ich schiebe die Arbeit vor mir her.)«

Mitunter stellen sich diese Personen sogar als Arbeitsmärtyrer dar, da sie ja in den letzten Tagen bis spät in die Nacht so viel gearbeitet haben. Oft werden sie dann noch getröstet und erhalten die gewünschte Aufmerksamkeit, sodass ihre Arbeitsvermeidung weiterhin verstärkt wird. Sinnvoll und ehrlicher ist es, kurz und klar zu sagen, dass so viel an Fehlorganisation und vorheriger Faulheit jetzt nicht noch bewundert wird. Die Wertigkeit und Bedeutung seines Lernens sollte der Klient dann z. B. auf einer Werteskala von Zielen, Wünschen etc. einordnen; gemeinsam erarbeitet der Berater dann mit ihm, welche Kosten und Nutzen sich daraus kurz- und langfristig ergeben.

Realangst und Lernmethodik

Bei relativ vielen Schülern und Studenten sind nicht bekannte, falsche oder nicht angewandte Lerntechniken Grund für reale Versagensängste. Sie haben es bis in die Oberstufe oder bis zu ihrer Bachelorprüfung nicht in Erfahrung gebracht, durch welche Vorgehensweisen sie ökonomischer und effektiver lernen können. Ihnen ist dringend zu empfehlen, möglichst schnell grundlegende Lern- und Arbeitstechniken zu erwerben, so z. B. mit den Empfehlungen des Autors, der speziell dafür ein kleines Buch verfasst hat (Kossak 2008c).

Realangst und Defizite

Letztlich müssen kognitive Defizite i. S. geringer allgemeiner oder spezieller Intelligenzbereiche erwähnt werden. Betroffene Schüler gelangen sehr schnell an ihre Leistungsgrenzen und entwickeln starke Versagens- und Prüfungsängste. Diese Defizite sollten selbstverständlich möglichst früh erkannt und kausal mit speziellen Fördermaßnahmen unterstützt werden. Im Extremfall können kognitive Defizite so groß sein, dass sie den erfolgreichen Besuch höherer oder weiterführender Schulen oder Ausbildungswege nicht ermöglichen. Eine einfühlsame, aber ehrliche Aufklärung darüber ist hier angeraten.

5 Motivation

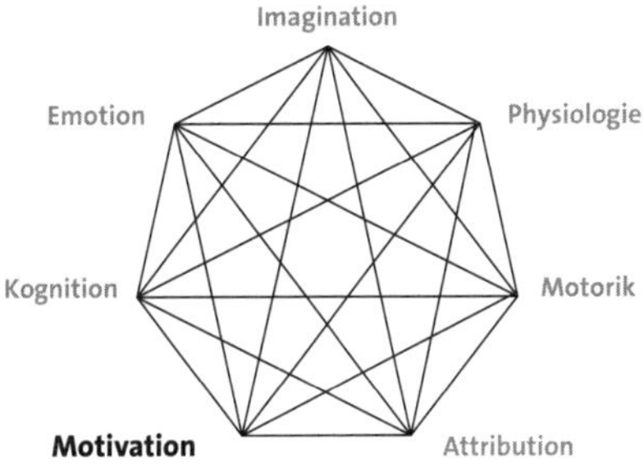

5.1 Motivationale Ebene der Prüfungsangst

Die häufigsten und damit typischen motivationalen Reaktionen bei Prüfungsangst sind:

- Abnahme der intrinsischen Motivation – mehr extrinsische Motivation wird erforderlich
- Zunahme von Motivation zur Misserfolgsvermeidung
- Flucht- und Vermeidungswünsche, Vermeidungs- und Fluchtverhalten, Prüfungsabbruch, Prüfungsverweigerung, Schuleschwänzen, Schulverweigerung

Motivation ist in hohem Maße mit Attribution und Emotion verbunden und ist gerade als Leistungsmotivation für die Bereiche Lernen, Lehren und Schule und damit auch für Ängste in der Schule sehr bedeutsam. Deshalb wird dieser Bereich hier umfassender dargestellt.

5.2 Definition

Nach neueren Definitionen ist es das Ziel motivationaler Prozesse, dass man die Affektbilanz optimiert. Erhofft wird damit, dass man die mit der Zielerreichung oder Nichterreichung verbundenen Emotionen wahrnehmen kann. Die Optimierung der Affektbilanz strebt man entweder durch Maximierung positiver oder durch Minimierung negativer Affekte an (Salamone 1992).

Motivation ist danach der Prozess, das Motiv durch Handlung zu erreichen. Motive sind damit u. a. abhängig von Zeitgeschehen, Wertvorstellungen, Attributionen und Sozialerwartungen.

5.3 Attribution von Erfolg und Misserfolg

Erfolgsmotivierte Menschen führen ihren Erfolg auf ihre eigenen Fähigkeiten oder ihre persönlichen Anstrengungen zurück – dies nennt man internale Attribution. Sie sehen Misserfolge als die Auswirkung der gerade wirksamen Komponenten, der widrigen Umstände oder ihrer fehlenden Anstrengung. Diese Motivation trägt zur Unterstützung des Selbstwertes bei. Erfolgszuversichtliche Lerner bevorzugen meist mittelschwere Aufgaben (Schiefele u. Strebelow 2006).

Misserfolgsmotivierte Menschen führen ihren Erfolg auf glückliche Umstände oder den Zufall zurück – eine sogenannte externale Attribution. Sie sehen die Ursachen des Misserfolgs in ihren mangelnden Fähigkeiten oder in zu schwierigen Aufgaben. Dies führt zu einer dauerhaften Annahme von Misserfolg und zur Selbstwertschädigung. Misserfolgsmotivierte Lerner bevorzugen eher zu leichte oder zu schwere Aufgaben (Schiefele u. Strebelow 2006).

Ratschläge

- Kinder bekommen schnell den Eindruck, versagt zu haben, sobald die Situation nicht mehr klar durchschaubar ist. Dadurch liegt oft eine Negativeinstellung und Misstrauen gegenüber den eigenen erbrachten Leistungen vor.
- Meist helfen hier unterstützende positive (realitätsbezogene) Formulierungen wie »Du hast gut gelernt, du bist fleißig und hast bislang immer alles gewusst …«.
- Hierbei sollte man aufpassen, sich nicht von den katastrophisierenden Äußerungen anderer mitreißen zu lassen, und sollte

nicht darauf eingehen. Andernfalls verstärkt man das Negativdenken durch Zuwendung und Beachtung. Diese Personen sind dann selten für Gegenargumente offen.

- Bei dauerhafter und gravierender Beeinträchtigung von Gedanken und Lebensplänen durch derartige Misserfolgsmotivationen sollte man der Person die Aufnahme einer Psychotherapie empfehlen, mit der sie positive Einstellungen zu sich selbst, zu ihren Leistungen und ggf. zu anderen Personen erwirbt.

Überstarke Leistungsmotivation

Personen, die ihre Note »sehr gut« dauerhaft beibehalten wollen, stehen unter konstantem Stress, der sich leistungsmindernd auswirken kann.

Direkt zur Prüfung ist hier Entspannung zu empfehlen, verbunden mit der Mitteilung, dass bei der vorhandenen guten Zensurenlage nur Gutes zu erwarten sei. Mitunter kann es auch helfen, auf die geäußerten Ängste mit positivem Humor zu reagieren und dadurch die Kette von Negativgedanken zu unterbrechen.

Evtl. muss eine Entkatastrophisierung vorgenommen werden wie z. B. »Was kann dann passieren, wenn es kein ›sehr gut‹ wird? Ist das wirklich das Schlimmste?« Etc.

- Zu den kognitiven Komponenten der Prüfungsangst gehört auch die *Antizipation von Misserfolgen*. Sie tragen zur Genese von Prüfungsangst und ihrer Aufrechterhaltung bei.
- Angstgedanken sind nicht lösungsförderlich, sie absorbieren die Aufmerksamkeit und beeinträchtigen damit die Leistungsproduktion (Schnabel 1998).
- Bei stark prüfungsängstlichen Schülern können lernirrelevante Kognitionen sowohl während der Aufgabenlösung als auch während des Unterrichts störend wirken (Tobias 1992).

5.4 Anstrengungsvermeidung

Anstrengungsvermeidung ist die Entwicklung von Vermeidungsstrategien in Leistungssituationen. Danach liegt Erfolg dann vor, wenn eine Zielerreichung mit minimalem Aufwand bewirkt wird (Rollett 1994).

Problemlösende Anstrengungsvermeidung: Die Personen setzen bei mehreren Handlungen sinnvolle Prioritäten. Sie wissen relativ genau ihre Kraftressourcen einzuschätzen und ökonomisch sinnvoll zu nutzen. Diese Einstellung ist mitunter sehr weise.

Nichtproblemlösende Anstrengungsvermeidung: Die Person bleibt bei Leistungsanforderungen passiv und setzt keine Problemlöse- oder Handlungsstrategien ein. Dieses Verhalten kann sehr bereichsbezogen sein: Der Schüler ist in seiner Band sehr aktiv, in der Schule jedoch passiv.

Schülerreaktionen mit Anstrengungsvermeidung auf Anforderungen

Wenn die Eltern oder Lehrer Anforderungen an einen Schüler stellen, der Anstrengungen vermeidet, zettelt dieser häufig lange Auseinandersetzungen an, um die an ihn gestellten Anforderungen zu vermeiden. Das daraus resultierende Arbeitsverhalten äußert sich entweder im *desorganisierten* oder im *apathischen Arbeitsstil.*

Die Reaktionen der Sozialpartner auf Anstrengungsvermeidung sind dann fast immer:

Resignation: Durch die Interaktion erfolgt nun ein Lernprozess, nach dem die soziale Umwelt resigniert und auf weitere oder ähnliche Forderungen verzichtet. Ergebnis: Der Schüler hat sein Ziel erreicht und wird in Ruhe gelassen.

Lob: Bewirkt keine Verhaltensänderung, denn »Wer (...) seine Umgebung davon überzeugt hat, dass er ›zwei linke Hände‹ hat, kann hoffen, zu manuellen Tätigkeiten nicht mehr herangezogen zu werden« (Rollett 1994, S. 84). Ergebnis: Der Schüler hat sein Ziel erreicht und wird in Ruhe gelassen.

5.5 Förderaspekte von Lernmotivation und positiver Selbstattribuierung

Besonders misserfolgsängstliche Personen benötigen in Schule und Freizeit angstfreie und entspannte Situationen und besondere Förderbedingungen. Die nachfolgenden Vorschläge beziehen sich primär auf prüfungsängstliche Schülerinnen und Schüler.

Es sind gleichzeitig Vorschläge für Lehrer zur Gestaltung von Unterricht und Prüfung.

1. Setzen realistischer Ziele, Kontrollen und Verstärkungen
2. Günstige Ursachenerklärungen der Prüfungsangst bzw. der Lernsituation erkennen
3. Aufbau positiver Selbstwahrnehmungsbilanzen, Rückmeldung über Lernfortschritte
4. Vergleich des individuellen früheren Leistungsniveaus mit der Verbesserung bis heute
5. Aufbau von Selbstkompetenzwahrnehmung, Förderung von Selbstbestimmung
6. Schülerneugier und Interesse wecken
7. Soziale Einbindung und Partnerschaftlichkeit im Lernklima fördern
8. Bezugsnormorientierung und Eigennorm beachten

Praxis: Motivation fördern durch Aktivieren früherer Erfolgserlebnisse

Frühere Erfolge sehen und auf die Bewältigung von Problembereichen übertragen

Die Erfolge und Ressourcen des Schülers werden exploriert (z. B. sein Erfolgstor beim Fußball). Diese sollen dann im Detail beschrieben werden. Dabei wird die Selbstkompetenz besonders betont, z. B.:

»Damals (vor 4 Monaten), knapp vor Spielende hast *du* das entscheidende Tor geschossen. Stelle dir das bitte nochmals bildlich vor. *Du* bist nun ... Jahre alt, spielst Fußball in der NN-Mannschaft und *du* schießt das entscheidende Tor. Alle jubeln. Sie laufen auf dich zu und umarmen dich, *du* bist stolz. Das merkst du ganz deutlich: Du fühlst dich größer – wo fühlst du Glück oder Erfolge körperlich? An der Stirn, im Gesicht, den Schultern, Brustkorb, Bauchgegend?« (Schüler nennt z. B.: »Ich fühle mich größer und breiter.«). »Genau, und dieses Gefühl hast du jetzt; spüre es ganz deutlich (besonders betonen)!«

»So, und nun stellst du dir vor, dass du vor deinen Hausaufgaben (bzw. Problemfach) in NN sitzt, einige Zeit gearbeitet hast und dann froh bist, einiges gelernt zu haben. *Du* spürst nun den gleichen Erfolg wie früher beim siegreichen Fußballtor: *Du* spürst Stolz, Freude, Erfolg, fühlst dich größer und breiter. Das gerade hast *du* erreicht. Durch *deinen* Einsatz hast *du* im Fach NN durchgehalten und Erfolg erlangt.

Du hast (z. B.) 15 Minuten durchgelernt, dabei zwei Aufgaben durchgearbeitet und sogar richtig gelöst. Das ist *dein* guter Erfolg. Spüre ihn (usw.).

Demnächst wirst *du dich* schon zu Beginn des Lernens entspannter fühlen, denn *du* weißt, dass *du* es immer besser kannst. *Du* hast es bislang erreicht und wirst weiter dranbleiben, deinen persönlichen Lernerfolg zu erzielen.«

Schüler und Erwachsene sprechen auf diese Methode gut an, sodass sie bereits nach der Übung eine bessere Leistungsmotivation und Leistungsfähigkeit zeigen.

6 Attribution und Angst

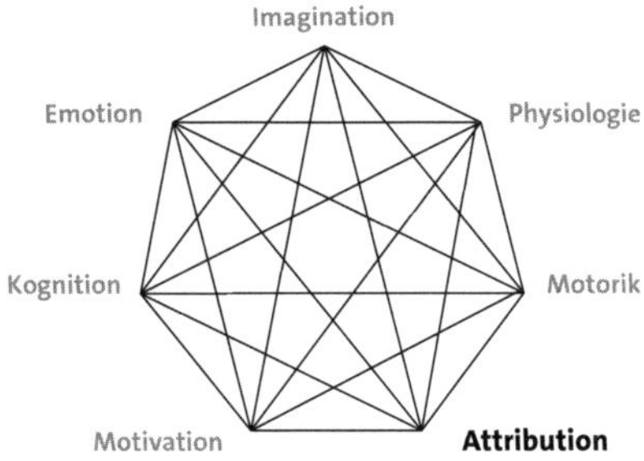

6.1 Attributionale Ebene der Prüfungsangst

Die häufigsten und damit typischen attributionalen Reaktionen bei Prüfungsangst sind:

- Reduktion der Selbstsicherheit und der positiven Eigenbewertung
- Angst vor negativer Fremdbewertung
- subjektiver Kontrollmangel, Kontrollverlust, Ungewissheit
- Divergieren von eingeschätzten und realen Konsequenzen des Prüfungserfolges bzw. -misserfolges, Misserfolgserwartungen (die erlebte Bedrohung ist subjektiv höher bewertet als die tatsächliche Bedrohung)

- Abnahme von Selbstwirksamkeit (Jeck 2001), Verlust des »internal locus of control«, Abnahme der subjektiven Bewältigungsmöglichkeiten, Zunahme von abergläubischem Verhalten
- Einschätzung der Schwierigkeitsgrade der Prüfungsanforderungen und ihrer Bewältigung wird zunehmend negativ.
- zunehmend negativere Bewertung der eigenen Leistungsfähigkeit und des eigenen Copings

6.2 Definition

»Attribution meint die Zuschreibung von Ursachen, Gründen und Erklärungen zu bestimmten Ereignissen; aus diesen Zuschreibungen (und nicht so sehr aus den tatsächlichen Gründen) ergeben sich für das Verhalten der Person klare Konsequenzen. Attribution leistet eine wichtige Funktion in unserer Orientierung in der komplexen Welt (Kelley 1971)« (Reinecker 1999, S. 137 f.).

Es ist ein basales Bedürfnis des Menschen, Ereignissen Gründe und Erklärungen zuschreiben zu können (Heckhausen 1980). Die Welt wird dadurch verstehbarer, und diese Attribuierungen können auch zur Vorhersage von Ereignissen und Verhaltensweisen führen.

Attribuierungen können in mehrfacher Weise unterschieden werden: als *Kausalattribuierung, Kontrollattri-*

buierung (Försterling 1986) und auf eine *internale* oder eine *externale Verursachung oder Kontrolle* bezogen.

An dieser Stelle möchte ich an meine Bemerkung im Vorwort erinnern, nicht von »Problemkindern« oder »schwierigen Kindern« zu sprechen, sondern von »interessanten Kindern«. Diese Attribuierung führt weg von festgelegten Bewertungen und hin zu offenen und lösungsorientierten Denkweisen.

6.3 Die Erklärung des Klienten für seine eigenen Probleme und Störungen aufdecken

Attributionen geben auch Aufschluss über die subjektiven Erklärungsmodelle zur Entstehung und Aufrechterhaltung der Störung, die von den objektiven stark abweichen können.

- Der Einblick in die für den Klienten plausiblen Ätiologie- und Änderungsmodelle beinhaltet, Zugang zu seinem Bewertungssystem zu finden.
- Auch wenn diese Modelle noch so stark von den objektiven Möglichkeiten abweichen, muss der Klient gerade hier Verständnis erfahren. Dadurch kann er sich angenommen fühlen, denn seine Konsultation lässt darauf schließen, dass er mit seinen Einordnungen

und Handlungen keine hinreichenden Erklärungen finden konnte. Dies stellt für den Klienten zusätzlich zu seinem Grundproblem eine starke Belastung dar, denn ohne nachvollziehbare und einleuchtende Erklärung seines Problems ist er nun nicht nur ratlos, sondern auch hilflos.

Folgerungen für die Beratung

1. Plausible Erklärungen für die Prüfungsangst anbieten

Hier kann der Berater viel an Zuversicht vermitteln, wenn er Beispiele oder Erfolgsquoten bestimmter Methoden oder Ratschläge nennen kann. Er kann auch darauf hinweisen, dass der Schüler ein weitverbreitetes Erklärungsmodell bemüht, das jedoch bislang nie zum Erfolg geführt hat, weil …

2. Gemeinsam plausible Erklärungen zur Ätiologie erarbeiten

Ist der Schüler stark in unangemessenen Glaubens- und Bewertungssystemen verhaftet, ist hier oft der *Sokratische Dialog* hilfreich (s. Abschnitt 4.7).

3. Dem Klienten plausible Änderungsmodelle vorstellen

Aus der Ätiologie der Fehleinstellungen und Prüfungsängste kann man nun Änderungsmaßnahmen ableiten und dem Klienten vermitteln – dabei sollte man geglückte *Selbsthilfeversuche* des Klienten einbeziehen.

4. Die Selbstwirksamkeit der Person aufzeigen

Erfolgreiche Selbsthilfestrategien können den Klienten dazu motivieren, diese nun systematisch oder in Variationen einzusetzen und weitere Ressourcen, Kompetenzen und seine Selbstwirksamkeit zu aktivieren.

5. Den Aufwand für die angeratenen Änderungen/ Anwendungen einschätzen

Es wird dargestellt bzw. erarbeitet, welcher zeitliche, soziale, finanzielle, emotionale Aufwand für die gewünschte Zielerreichung erforderlich ist.

6. Den Klienten über Vor- und Nachteile bei der Umsetzung der Beratungsempfehlung informieren

Nach einer Kosten-Nutzen-Analyse kann der Schüler entscheiden, welche Lösung er akzeptiert. Dies kann z. B. beinhalten, dass er evtl. in den Schulferien über längere Zeit für NN lernt und etwas an Freizeit einbüßt. Die Vorteile können z. B. sein: bessere Noten bekommen und die Angst vor der mündlichen Beteiligung verlieren, versetzt werden und sich dadurch ein zusätzliches Schuljahr an Mühsal und Hausaufgaben ersparen.

7. Gemeinsam zu einem (vorläufigen) Ergebnis kommen

Hierzu gehört: eine Zusammenfassung der wesentlichen Beratungsaspekte, Hervorhebung der wichtigsten Ergebnisse, Reihenfolge der Realisierung und klare Absprachen über mögliche weitere Beratungen und Termine.

Einschränkende Anmerkungen

An dieser Stelle muss ebenfalls eine Kosten-Nutzen-Analyse in Bezug auf die zu beratenden Altersgruppen erfolgen.

Bei jüngeren Kindern kann *keine nondirektive Beratung* erfolgen; sie benötigen klare Aussagen, ohne dass der Berater dabei direktiv intervenieren muss. Klare Empfehlungen, bestimmte Verhaltensweisen abzubauen und andere wiederum besonders zu bevorzugen, sind hier sinnvoll.

Bei älteren Schülern sind über Sokratische Dialoge (s. Abschnitt 4.7), andere Gesprächsmethoden oder über Ausprobieren Bewertungs-, Einsichts- und Verhaltensänderungen möglich.

6.4 Erlernte Hilflosigkeit als Annahme eigener Unfähigkeit

Entstehung der Hilflosigkeit

Wenn Ereignisse unkontrollierbar sind, tritt der psychologische Zustand der Hilflosigkeit ein. Hier besteht die Erwartung, über ein bestimmtes Ereignis keine Kontrolle zu haben, auch wenn man noch so viel unternimmt. Diese Hilflosigkeit ist nicht unbedingt anonym bedingt oder schicksalhaft, sondern durch ungünstige Lebenskonstellationen erlernt (Seligman 1975).

Folgen der Hilflosigkeit

Motivationale Defizite: Die Erwartung von Unkontrollierbarkeit führt zu motivationalen Defiziten, die Leistungsdefizite nach sich ziehen (Abramson et al. 1978). Folgen sind dann Resignation, Passivität und Apathie.

Affektive Konsequenzen: Durch erlernte Hilflosigkeit wird das emotionale Gleichgewicht der Person beeinträchtigt. Die Person reagiert allgemein überschnell und überstark ängstlich, panisch oder depressiv.

Kognitive Defizite: Die Wahrnehmung eigener Kontrollmöglichkeiten wird verzerrt.

Erlernte Hilflosigkeit in der Schule

In der Sekundarstufe kann die Ablehnung des Fachs Mathematik durch Mädchen evtl. mit erlernter Hilflosigkeit erklärt werden (Beermann et al. 1992). Hat ein Schüler über einige Zeit z. B. keine Vokabeln gelernt, kann er dem

Unterricht nicht mehr folgen und wird dann dazu neigen, hilflos und mutlos zu werden, und sich als sprachlich unfähig bewerten. Die Motivation zu fachspezifischen oder allgemeinen willentlichen Handlungen wie z. B. Lernaktivitäten ist dann stark reduziert. Negative kognitive Einstellungen sind z. B. »Ich bin unfähig zum Latein-Lernen«. Später folgen dann Versagensängste und Depressionen (Meyer 2010).

6.5 Der ganz normale Aberglaube

Besonders bei emotionalem Druck versuchen wir in unserer Hilflosigkeit, einen übergeordneten und damit einschätzbaren Sinn zu finden, um Sicherheit zu bekommen. Dadurch entstehen Rituale (Beten, Andacht, Entspannung) oder der Gebrauch »magischer« Gegenstände wie Amulette oder Talismane (Eibl-Eibesfeldt 1997). Der Nobelpreisträger Niels Bohr wurde darauf angesprochen, ob er an die Wirkung eines Hufeisens über seiner Eingangstür glaube. Er soll darauf erwidert haben: »Selbstverständlich nicht. Aber ich habe gehört, es soll auch funktionieren, wenn man nicht daran glaubt« (Brugge 2012).

Aberglaube in Schule und Prüfung

Viele Schüler stehen vor und in Prüfungen unter Stress. Ihr abergläubisches Verhalten ist dann z. B.: »Wenn gleich das Telefon klingelt, dann werde ich die Frage über XY gestellt bekommen.«

Durch die Handlung selbst erlebt man sich wieder als selbstbestimmte aktive Person, die nicht mehr external kontrolliert wird, sondern einen internalen Ort der Kontrolle in sich selbst verspürt. In diesem Rahmen sind derartige abergläubische Rituale evtl. sogar hilfreich dazu, Stress abzubauen, und haben sogar einen beruhigenden Effekt.

Ratschlag: Nützlicher Aberglaube und Glücksbringer

Es ist zu überlegen, ob man dieses Bedürfnis nach Ritualen für den Lernenden nutzbar machen kann (= Utilisation). So kann der Schüler z. B. die Aufgabe erhalten, als Alternative zum beruhigenden »abergläubischen« Ritual fünf Vokabeln oder eine schwierige Rechenformel zu wiederholen, um dadurch die gewünschte Sicherheit und Ruhe zu erlangen.

So gut Aberglaube subjektiv beruhigen und stabilisieren kann, ist auch der Glaube mit seinen religiösen Ritualen und Objekten hilfreich von Schülern einsetzbar.

»Glücksbringer« sind Objekte, an deren positive Wirkung man glaubt. Für Schüler ist es das Foto des Superstars, ein Freundschaftsband oder ein spezieller Anhänger am Etui. Bei ihrem Anblick oder ihrer Berührung tritt dann leicht Ruhe, Geborgenheit und Zuversicht ein.
Also sollte der Berater dem Schüler sogar den Auftrag erteilen, den Glücksbringer anzusehen oder zu berühren, um wieder ruhiger zu werden.
Der Glücksbringer kann dann sogar richtige Antworten für Lösungen geben, wenn er für ein paar Sekunden intensiv angesehen wird, denn der Schüler entspannt nun und gewinnt dadurch kognitive Distanz zur Aufgabenstellung, kann dann wieder flexibler unbewusste Suchstrategien einleiten und leichter zur richtigen Lösung finden. Ähnliche Mechanismen wie bei der Überallmethode werden wirksam (s. Abschnitt 1.5.3).

7 Innenbilder – Imaginationen

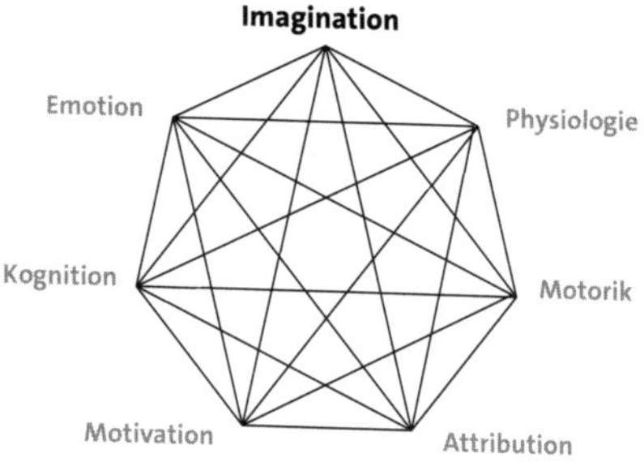

7.1 Imaginative Ebene der Prüfungsangst

Die häufigsten und damit typischen imaginativen Reaktionen bei Prüfungsangst sind:

- Aufsteigen von Innenbildern und Fantasieszenarien der Prüfungssituation und des Versagens aus der Vergangenheit und bezogen auf die zukünftig anstehende Prüfung:
- Vorstellungsbilder der eigenen Hilflosigkeit, der Blockade, z. B.: in den Boden zu versinken oder ohnmächtig umzufallen
- Bilder von der Frage des Prüfers, seinem »drohenden« Blick
- Bilder von der Negativreaktion der Prüfer und Zuschauer: ausgelacht werden, getadelt werden, dumm aussehen etc.

- eventuelle Innenbilder aus völlig anderen Erlebensbereichen (= kognitiv-imaginative Flucht, Vermeidung), strafender Blick des Vaters, Abwendung der Mutter bei falschen Antworten

7.2 Definition

Innenbilder, also Imaginationen, sind in unserer Evolutionsgeschichte subjektiv-reale Bestandteile unserer Leib-Seele-Einheit. Sie sind Teile unseres Lebens – sei es bei Wünschen, Fantasien, Erfolgserwartungen, Misserfolgserwartungen, Sexualkontakten, Problemlösungen oder anderen Aspekten.

Diese bildhaften anschaulichen Vorstellungen können auf allen Sinnesebenen erfolgen. Sie werden als subjektiv real erlebt und können sogar physiologische Steuer-, Filter- und Regelprozesse beeinflussen (z. B. Speichelfluss bei der Imagination von Zitronensaft; Imaginationen zum Schmerzabbau, zur Realisierung von Problemlösungen, Imagination einer Wiese zur Entspannung). Sie sind so real, dass unser Gehirn nicht immer zwischen real wahrgenommenen und imaginierten Bildern unterscheiden kann (Ganis et al. 2004).

7.3 Anwendungen, Methoden

Aufgrund ihrer neuronalen Wirklichkeiten eignen sich imaginative Verfahren für zahlreiche therapeutische Interventionen, so bei Mnemotechniken, in der bildbezogenen Meditation, im Autogenen Training, bei der Progressiven Muskelrelaxation, im Biofeedback usw. – bis hin zu sehr kreativen und effektiven Anwendungen in der Hypnose. Insgesamt stellen Imaginationen eine große Bereicherung unterschiedlichster Beratungs- und Therapiemethoden dar.

In diesem Buch gibt es einige Anwendungsbeispiele dazu: »Spaziergang am Strand« (1.5.1), »Auf der Wiese« (1.5.2) und »Aktivierung früherer Erfolgserlebnisse« (5.5).

Ratschläge und Vorsichtsmaßnahmen

- Unbedingt müssen *individuell relevante Bilder* gewählt werden.
- Zur Entwicklung ihrer Imaginationen benötigen Personen unterschiedlich viel an Zeit.
- Weil mit Imaginationen sehr viele Erlebens- und Verarbeitungskomponenten angesprochen werden, können sie spontane und auch heftige komplexe Reaktionen auslösen wie z. B. Weinen oder Aggressionen. Auch Altersregressionen treten leichter auf – dass man sich also plötzlich in einer Szene

aus früherer Zeit erlebt. Darauf sollte sich der Initiator der Imaginationen einstellen. Er muss darin ausgebildet und erfahren sein, mit derartig abrupt auftretenden Schwierigkeiten umzugehen.

- *Die subjektive und objektive Realität* der Imaginationen kann stark divergieren. Gerade bei grenzwertigen Problemstellungen wie sexuellem Missbrauch, Belästigung oder anderen Anschuldigungen mit potenziellen juristischen Folgen können hier gravierende (Fehl-)Interpretationen erfolgen. Auch kann der Klient/die Klientin Annäherungen und Belästigungen fantasieren, die nicht der Realität entsprechen. Der Beratungslehrer kann hier ggf. zur Projektionsfläche früherer oder bestehender Problembeziehungen werden, wodurch er bzw. sie dann leicht mit Anschuldigungen des Missbrauchs konfrontiert wird.

Kontraindikationen

Bei *Widerständen*, die sich u. a. in mangelnder Kooperation oder Ablehnungen äußern, sollten Imaginationsverfahren nicht angewandt werden. Sie erbringen dann kaum brauchbare Ergebnisse und könnten sogar als Beeinflussungsmethoden angesehen werden.

Neigen Personen zur *Realitätsflucht*, indem sie sich vor Problemen und Problemgesprächen verschließen oder durch Alkohol bzw. Drogen die Realität meiden, können

Entspannungsverfahren, Meditation oder Imaginationen diese Vermeidungsverhaltensweisen unterstützen.

Bei schweren seelischen Erkrankungen wie Anorexie, Bulimie, Suizidgefährdung, Borderline, Schizophrenie und anderen Psychosen sind imaginative Verfahren kontraindiziert oder sollten dann nur von dafür spezialisierten Psychotherapeuten angewandt werden.

Abschließend ist eine kleine Warnung und Kritik bezüglich der Wirkung von elektronischen Spielen auszusprechen. Diese Spiele haben für die User einen hohen Unterhaltungswert. Sie bewirken meist eine hohe emotionale Beteiligung, besonders die sog. Ego-Shooter. Die darin ablaufenden Handlungen werden subjektiv als real erlebt. Sie erzeugen deshalb starke physiologische Reaktionen, bei denen die Amygdala eine Bedrohung feststellen und dann höhere kognitive Funktionen blockieren kann. Hier schließt sich der Kreis der Wirkfaktoren, deren Darstellung mit den Wirkungen der Amygdala begonnen hatte.

Danksagung

Mein Dank richtet sich an Dr. Christa Hubrig, die mich einlud und motivierte, in der von ihr und Dr. Peter Herrmann herausgegebenen Reihe „Spickzettel für Lehrer" das vorliegende Beratungsbuch zu schreiben.

Auch Dr. Ralf Holtzmann vom Carl-Auer Verlag sei gedankt, der mich als Lektor wie immer sehr kooperativ und kreativ betreute, um gemeinsam eine inhaltlich und äußerlich ansprechende Gestaltung zu erarbeiten.

Letztlich bin ich den zahlreichen Lehrern und besonders den vielen Klienten mit Prüfungsängsten dankbar dafür, dass ich durch die Zusammenarbeit mit ihnen die Praxis erwerben konnte, die sich auch in diesem Buch gezielt wiederfindet.

Literatur

Abramson, L. Y., M. P. Seligman a. J. D. Teasdale (1978): Learned helplessness in humans: Critique and reformulation. *Journal of Abnormal Psychology 87:* 49–74.

Amir, N., E. B. Foa a. M. E. Cole (1998): Automatic activation and strategic avoidance of threat-related information in social phobia. *Journal of Abnormal Psychology* 107: 285–290.

Bandura, A. (1969): Principles of behaviour modification. London (Holt, Rinehart a. Winston).

Bandura, A. (1986): Social foundations of thought and action: A social cognitive theory. Englewood Cliffs, NJ (Prentice Hall).

Bartlett, F. C. (1932): Remembering: A study in experimental and social psychology. Cambridge (Cambridge University Press).

Baumeister, R. F. a. K. D. Vohs (2007): Self-Regulation, Ego-Depletion, and Motivation. *Social and Personality Psychology Compass* 1: 1–14.

Beck, A. T. (1967): Depression: Causes and treatment. Philadelphia, PA (University of Pennsylvania University Press).

Beck, A. T., G. Emery a. R. L. Greenberg (1985): Anxiety disorders and phobias: A cognitive perspective. New York (Basic Books).

Beerman, L., K. A. Heller u. P. Menacher (1992): Mathe: nichts für Mädchen? Begabung und Geschlecht am Beispiel von Mathematik, Naturwissenschaft und Technik. Bern/Göttingen (Hans Huber).

Bilz, L. (2008): Schule und psychische Gesundheit. Risikobedingungen für emotionale Auffälligkeiten von

Schülerinnen und Schülern. Schule und Gesellschaft, Band 42. Wiesbaden (VS Verlag für Sozialwissenschaften).

Bornhoff, A. u. J. Bornhoff (2007): SOKO – Ein Schultraining sozialer Kompetenzen und seine Auswirkungen auf die Lehrerbelastung und das Schulklima. Eine Untersuchung an Realschulen. Dissertation (Universität Heidelberg, Fakultät für Verhaltens- und Empirische Kulturwissenschaften).

Bruggger, P. (2012): Das Paranormale in der Hirnforschung. *Skeptiker* 1: 4–11.

Coe, W. C. a. J. A. Scharcoff (1985): An empirical evaluation of the neurolinguistic programming model. International Journal of Clinical *and Experimental Hypnosis* 33 (4): 310–318.

Cutrona, C. E., V. Cole, N. Colangelo, S. G. Assouline a. D. W. Russell (1994): Perceived parental social support and academic achievement: An Attachement Theory Perspective. *Journal of Personality and Social Psychology* 66: 369–378.

Dautermann, M., K. Schneider u. D. Krumpholz (1988): Aufgabenbezogene und ichbezogene Kognitionen bei Kindern in Abhängigkeit von Prüfungsangst und situativen Bedingungen. *Zeitschrift für Differentielle und Diagnostische Psychologie* 9 (1): 1–12.

DeLongis, A., J. C.,Coyne, G. Dakof, S. Folkman a. R. S. Lazarus (1982): Relationship of daily hassels, uplifts, and major life events to health status. *Health Psychology* 1 (2): 119–136.

Eibl-Eibesfeldt, I. (1997): Die Biologie des menschlichen Verhaltens. Wayarn (Seehammer), 3. überarb. Aufl.

Ellis, A. (1962): Reason and emotion in psychotherapy. New York (Lyle Stuart).

Eschenbeck, H., A. Lohaus u. C.-W. Kohlmann (2007): Verfahren zur Erfassung von Stressbewältigung im Kindesalter. In: A. Lohaus u. I. Seiffge-Krenke (Hrsg.): Stress und Stressbewältigung im Kindes- und Jugendalter. Göttingen (Hogrefe), S. 31–46

Fiore, A. M. (2003): Gender differences in test anxienty. The College of Human Rerearches and Education at West Virginia University. Master degree.

Foa, E. B. a. M. J. Kozak (1986): Emotional expressing of fear: Exposure to corrective information. *Psychological Bulletin* 99: 20–35.

Försterling, F. (1986): Attributionstheorie in der Klinischen Psychologie. München (Urban & Schwarzenberg).

Frenzel, A. C., T. Götz, R. Pekrun (2007): Kontroll-Wert-Modell der Prüfungsangst. In: J. Zumbach u. H. Mandl (Hrsg.): Pädagogische Psychologie in Theorie und Praxis. Ein fallbasiertes Lehrbuch. Göttingen (Hogrefe), S. 275–284.

Fridlund, A. (1991): Evolution and facial action in reflex, social motive, and paralanguage. *Biological Psychology* 32: 3–100.

Ganis, G., W. L. Thompson a. S. M. Kosslyn (2004): Brain areas underlying visual mental imagery and visual perception: A fMRT study. *Brain Research and Cognitive Brain Research* 20: 226–241.

Gartner, F. u. M. Jirasko (1999): „Ehrgeizige" Eltern und schlechte Schulleistungen. Fördern überhöhte elterliche

Ausbildungswünsche die kindliche Prüfungsangst? *Report Psychologie* 24 (4): 272–279.

Grawe, K. (1998): Psychologische Therapie. Göttingen (Hogrefe).

Hautzinger, M. (2011): Kognitive Verhaltenstherapie bei psychischen Störungen. Weinheim (Beltz/PVU), 4. Aufl.

Heatherston, T. F. a. D. Wagner (2011): Cognitive Neuroscience of Self-Regulation Failure. *Trends in Cognitive Sciences* 15: 132–139.

Heckhausen, H. (1982): Task-irrelevant cognitions during exam. In: H. Krohne a. L. Laux (eds.): Achievement, Stress, and Anxiety. Washington, DC (Hemisphere), pp. 247–274.

Helmke, A. (1988): Beispiel einer bekannten Studie zur Unterrichtsforschung: Optimalklassenstudie. Vortrag auf dem Kongress „Die Vielfalt des Lernens entdecken – Individuelle Förderung an beruflichen Schulen". Leinfelden-Echterdingen, 21.11.2012.

Hermer, M. (2004): Stille Begegnungen. In: M. Hermer u. H. G. Klinzing (Hrsg.): Nonverbale Prozesse in der Psychotherapie. Tübingen (dgvg), S. 9–54.

International Statistical Classification of Diseases and Related Health Problems – ICD 10-GM, German modification (2013).

Iversen, L. (2003): Cannabis and the brain. Review Article. *Brain* 126 (6): 1252–1270.

Jacobson, E. (1938): Progressive relaxation. Chicago (University of Chicago Press).

Jeck, S. (2001): Lernmotivation. In: W. Bott, E. Diegelmann, G. Liese u. J. Will (Hrsg.): SchulLINK Luchterhand Hessen. Datenbank für Schulmanagement. Neuwied (Luchterhand).

Jirasko, M. u. U. Sirsch (1996): Anstrengungsvermeidung und elterliches Erziehungsverhalten. In: C. Spiel, U. Kastner-Koller u. P. Deimann (Hrsg.): Motivation und Lernen aus der Perspektive lebenslanger Entwicklung. Münster (Waxmann), S. 225–234.

Kelley, H. J. (1971): Attribution in social interaction. New York (General Learning Press).

Kleinknecht, R. A., R. M. Thorndike, F. D. McGlynn a. J. Harkavy (1984): Factor analysis of the dental fear survey with cross-validation. *Journal of the American Dental Association* 198 (1): 59–61.

Kossak, H.-C. (1989): Lehrbuch Hypnose. Weinheim (Beltz/PVU), 1. Aufl.

Kossak, H.-C. (1993). Lehrbuch Hypnose. Weinheim (Beltz/Psychologie Verlagsunion), 2., überarb. u. erw. Aufl.

Kossak, H.-C. (2008a): Hypno-behaviorale Therapie bei schulischen Lern- und Leistungsstörungen und Versagensängsten – Fallbericht. *Zeitschrift für integrative Lerntherapie* 8 (2), Beitrag auf CD.

Kossak, H.-C. (2008b): Ängste im schulischen Lern- und Leistungsprozess und bei Prüfungen. Ganzheitliche Diagnostik und Therapie – Impulse aus der Praxis für die Praxis. *Zeitschrift für integrative Lerntherapie* 8 (2), Beitrag auf CD.

Kossak, H.-C. (2008c): Lernen leicht gemacht. Gut vorbereitet und ohne Prüfungsangst zum Erfolg. Heidelberg (Carl-Auer-Systeme), 2. Aufl.

Kossak, H.-C. (2013): Hypnose. Lehrbuch für Psychotherapeuten und Ärzte. Weinheim (Beltz/PVU), 5. überarb. Aufl.

Kossak, H.-C. (2015): Hypnose. In: D. Vaitl u. F. Petermann (Hrsg.). Handbuch der Entspannungsverfahren. Weinheim (BeltzPVU), 4. überarb. Aufl., S. 125–142.

Kossak, H.-C. u. G. Zehner G (2011): Hypnose beim Kinder-Zahnarzt. Berlin (Springer).

Lazarus, A. A. (2000): Innenbilder. Imagination in der Therapie als Selbsthilfe. Stuttgart (Klett-Cotta).

Lazarus, R. A. (1966): Psychological stress and coping process. New York (McGraw-Hill).

Lazarus, R. S. (1982): Thoughts on the relations between emotion and cognition. *American Psychologist* 37: 1019–1024.

Lazarus, R. S. (1999): Stress und Emotion. London (Free Association Books).

Mack, A. a. J. Rock (1998): Inattentional blindness. Cambridge, MA (MIT Press).

Meyer, W. U. (2010): Gelernte Hilflosigkeit. Grundlagen und Anwendungen in Schule und Unterricht. Bern (Huber).

Miki, T. u. S. Shigeo (1999): Daily hassels and uplifts and college students' health: Focusing on daily health. *Japanese Journal of Educational Psychology* 47 (3): 374–282.

Neely, J. H. (1991): Semantic priming effects in visual word recognition: A selective review of current findings and theories. In: D. Brenner a. G. W. Humphreys (eds.): Basic processes in reading: visual and recognition. Hillsdale, NJ (Erlbaum), pp. 264–336.

Panksepp, J. (1998): Affective neurosciences: The foundations of human and animal emotions. Oxford (Oxford University Press).

Patschek, G. (2011). Gescheite Gesten. *Gehirn & Geist* 6: 26–30.

Paus, T., M. Keshavan a. J. N. Giedd (2008): Why do many psychiatric disorders emerge during adolescence? *Nature Reviews Neuroscience* 9 (12): 947–957.

Pekrun, R. (1991): Prüfungsangst und Schulleistung: Eine Längsschnittanalyse. *Zeitschrift für Pädagogische Psychologie* 5 (2): 99–109.

Pekrun, R. (1991): Schulleistung, Entwicklungswelten und Prüfungsangst. In: R. Pekrun u. H. Fend (Hrsg.): Schule und Persönlichkeitsentwicklung. Ein Resümee der Längsschnittforschung. Stuttgart (Enke), S. 164–180.

Pekrun, R. (1999): Sozialisation von Leistungsemotionen: Eine kritische Literaturübersicht und ein sozialkognitives Entwicklungsmodell. *Zeitschrift für Soziologie der Erziehung und Sozialisation* 19 (1): 20–34.

Pekrun. R. u. T. Götz (2006): Emotionsregulation: Vom Umgang mit Prüfungsangst. In: H. Mandl u. H. F. Friedrich (Hrsg.): Handbuch Lernstrategien. Göttingen (Hogrefe), S. 248–258.

Petermann, F. u. H. Natzke (2009): Prävention in der Schule. In: F. Petermann u. D. Vaitl (Hrsg.): Entspannungserfahren. Das Praxishandbuch. Weinheim (Beltz/PVU), S. 436–447.

Pixner, S. u. L. Kaufmann (2013): Prüfungsangst, Schulleistung und Lebensqualität bei Schülern. *Lernen und Lernstörungen* 2 (2): 111–124.

Reinecker, H. (1999): Lehrbuch der Verhaltenstherapie. Tübingen (dgvt).

Robinson, E. (1961): Effective study. New York (Row a. Harper).

Rollett, B. (1994): Anstrengungsvermeidung in Schule und Beruf. In: G. Gittler, M. Jirasko, U. Kastner-Koller, C. Korunka u. A. Al-Roubaie (Hrsg.): Die Seele ist ein weites Land. Aktuelle Forschung am Wiener Institut für Psychologie. Wien (WUV Universitätsverlag), S. 81–92.

Roth, G. (2001): Denken, Fühlen, Handeln. Wie unser Gehirn Verhalten steuert. Stuttgart (Suhrkamp).

Salamone, J. D. (1992): Complex motor and sensorimotor functions of striatal and accumbens dopamine: Involvement in instrumental behavior processes. *Psychopharmacology* 107: 160–174.

Salkovskis, P. M. (1991): The importance of behaviour in the maintainance of anxiety and panic: a cognitive account. *Behavioral Psychotherapy* 19: 6–19.

Sass, H., H.-U. Wittchen u. M. Zaudig (2003): Diagnostisches und Statistisches Manual Psychischer Störungen – Textreversion – DSM-IV-TR. Weinheim (Beltz).

Satir, V. (1991): The patterns of her magic. Palo Alto (Science and Behavior).

Satir, V., J. Stachoviak u. H. A. Taschmann (2000): Praxiskurs Familientherapie. Paderborn (Junfermann).

Schachter, S. u. J. E. Singer (1962): Cognitive, social, and physiological determinants of emotional states. *Psychological Review* 69: 379–399.

Schaefer, A., H. Mattheß, G. Pfitzer u. K. Köhle (2007): Seelische Gesundheit und Studienerfolg von Studierenden der Medizin mit hoher und niedriger Prüfungsängstlichkeit. *Psychotherapie, Psychosomatik, Medizinische Psychologie* 57 (7): 289–297.

Scherer, K. (1993): Neuroscience projections to current debates in emotions psychology. *Cognition and Emotion* 7: 1–14.

Schiefele, U. u. L. Strebelow (2006): Motivation aktivieren. In: H. Mandl, H. F. Friedrich (Hrsg.): Handbuch der Lernstrategien. Göttingen (Hogrefe).

Schnabel, K. (1998): Prüfungsangst und Lernen. Münster (Waxman).

Schwarzer, R. u. M. Jerusalem(1989): Development of test anxiety in high school students. In: C. Spielberger, D. Charles, I. G. Irwin a. J. Strelau (eds.): Stress and anxiety, Vol. 12. New York (Hempshire Publishing Corporation), S. 65–96.

Seiffge-Krenke, I. (1984): Formen der Problembewältigung bei besonders belasteten Jugendlichen. In: E. Olbrich u. E. Todt (Hrsg.): Probleme des Jugendalters: Neuere Sichtweisen. Berlin (Springer), S. 253–286.

Seiffge-Krenke, I. (1997): Imaginary companions in adolescense: Sign of a deficient or positive development. *Journal of Adolescence* 20 (2): 137–154.

Seipp, B. (1989). Angst und Leistung in Schule und Hochschule. Eine Meta-Analyse. Frankfurt (Peter Lang).

Seligman, M. E. P. (1975): Helplessness: On depression, development and death. San Francisco (Freeman).

Simon D. J. a. C. F. Chabris (1999): Gorillas in our midst: Sustained unattentional blindness for dynamik events. *Perception* 28: 1959–1074.

Stavemann, H. H. (2007): Sokratische Gesprächsführung in Therapie und Beratung. Weinheim (Beltz).

Stavemann, H.H. (2011). Sokratische Gesprächsführung. In: M. Linden u. M. Hautzinger (Hrsg.): Verhaltenstherapiemanual. Berlin (Springer), S. 287–296.

Suhr, L. u. M. Döpfner (2000). Leistungs- und Prüfungsängste bei Kindern und Jugendlichen. Ein multimodales Therapiekonzept. *Kindheit und Entwicklung* 9: 171–186.

Tobias, S. (1992): The impact of test anxiety on cognition in school leraning. In: K. A. Hagtvet a. T. B. Johnsen (Eds.): Advances in test anxiety research (Vol. 7). Lisse (Swets & Zeitlinger), pp. 18–31.

Ulhaas, P. J., F. Roux, W. Singer, C. Haenschel, R. Sireteanu u. E. Rodriguez (2009): Anders im Kopf. Nervennetze im Gehirn organisieren sich bei älteren Jugendlichen neu. Max-Planck-Gesellschaft, Presseinformation vom 2. Juni 2009.

Wagner, R., A. Hinz, A. Rausch & B. Becker (2009): Modul „Pädagogische Psychologie". Bad Heilbrunn (Verlag Julius Klinkhardt).

Wegner, D. M. a. R. Erber (1992): The hyperaccessibility of suppressed thoughts. *Journal of Personality and Social Psychology* 63 (6): 903–912.

Wegner, D. M., D. J. Schneider, S. Carter a. T. White (1987): Paradoxical effects of thought suppression. *Journal of Personality and Social Psychology* 53: 5–13.

Wells, A. (1995): Meta-cognition and worry: a cognitive model of Generalized Anxiety Disorder. *Behavior and Cognitive Psychotherapy* 37: 585–594.

Wells, A. (2011): Kognitive Therapie der Angststörungen. Tübingen (dgvt).

Wilson, W., R. Mathew, T. Turkington, T. Hawk, R. E. Coleman a. J. Provenzale (2000): Brain morphological changes and early marijuana use: a magnetic resonance and positron emission tomography study. *Journal of Addictive Diseases* 19 (1): 1–22.

Zeidner, M. (1998): Test anxiety: The state of the art. New York (Plenum Press).

Über den Autor

Hans-Christian Kossak, Dr. phil., Diplompsychologe, Psychologischer Psychotherapeut, Kinder- und Jugendlichenpsychotherapeut, Verhaltenstherapeut, Gesprächspsychotherapeut, Hypnosetherapeut. Bis zu seiner Pensionierung Leiter der katholischen Beratungsstelle für Erziehungs- und Familienfragen und Gründer der Kinderhilfeambulanz in Bochum. Supervisor, Ausbilder, Dozent für Psychotherapeuten, Ärzte, Zahnärzte.

Zahlreiche Veröffentlichungen zur Hypnose, darunter das Standardwerk *Hypnose – Lehrbuch für Psychotherapeuten und Ärzte* (5., überarb. Aufl., 2013) und *Lernen leicht gemacht. Gut vorbereitet und ohne Prüfungsangst zum Erfolg* (2., überarb. Aufl. 2008).

Kontakt: hans-christian.kossak@t-online.de